Let's起業!

ガールズ社長が教える、ちゃっかり、しっかり経営術

新井香奈

業界初！
ガールズ目線の
シェアハウス

ねぇ、毎日が楽しくないのなら
会社、作っちゃえば？

私は シェアハウスでちゃっかり稼ぐ
ガールズ社長

新井香奈

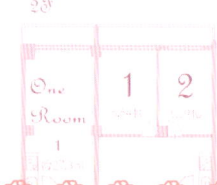

かわいく
おしゃれに!

Tokyo Girl's Fudousan

ガールズが
大好きな工夫が
いっぱい！

Let's 起業！

ガールズ社長が教える、ちゃっかり、しっかり経営術

新井香奈

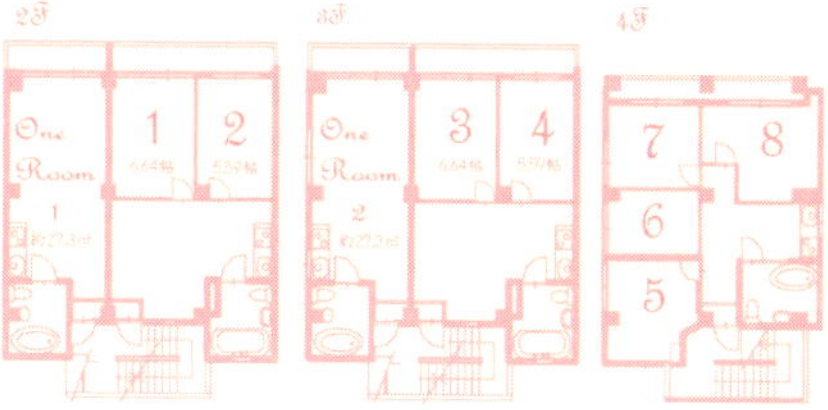

装丁・本文デザイン　田中彩里
撮影　栗原論
撮影（＊印）著者
編集協力　栗原貴子
企画・編集　岡本弘美

はじめに

腰かけ社員が「シェアハウス」で不動産会社の女社長になる！

私は今、東京ガールズ不動産という不動産会社の社長をしています。

わが社のウリは首都圏を中心に展開している女性専用のシェアハウスです。シェアハウスとは、一つの家を複数人数で借り、1人1部屋の個室のほかリビングやキッチン、水回りなどを共同で使う物件のこと。見知らぬ者同士がひとつ屋根の下で暮らすことになりますが、「家賃の高いエリアでも、比較的、手ごろに借りることができる」、「一人暮らしより安心できる」と、若い人を中心に注目されつつある暮らし方になっています。

さて、このようなビジネスをしている私ですが、20歳のころには、まさか自分が女社長になるなんて夢にも思っていませんでした。短大を卒業して、精密機器メーカーに就職した当時は「結婚するまでのほんの腰かけ」のつもりでいたのです。仕事のためにスキルアップをしよう、という気持ちもありませんでした。なんとなく短大を卒業し、内定をもらえた会社になんとなく就職したのでした。

ところが、働き始めると「仕事のおもしろさ」を実感するように。営業部署で庶務を担当していたのですが、少しずつ、責任のある仕事を任せてもらえるようになりました。とはいえ、「ウエディングドレスを可愛く着られるうちに結婚したい」という夢を叶えるべく、22歳で結婚。このときにはすでに仕事のおもしろさに目覚めていたので結婚後も働き続けていました。25歳になる頃には海外への出張も任されるようになり、ますます、働くことの楽しさを感じるようになっていました。

そんな私に転機が訪れたのは、27歳のときでした。

入社から慣れ親しんだ部署から異動となったのです。この異動は私が退職するきっかけになりました。さらに、私生活でも離婚を経験。退職と離婚という、よく考えたら人生最大のピンチ！ですが、今の私へとつながる出来事を経験しました。

夫と共同名義で購入したマンションを、離婚を機に売ることにしたのです。

すると、なんということでしょう！

買った時よりも高い価格で売却することに成功。購入した時期の地価と金利が低かったのでローンの残債を払っても利益が出たのでした。

この「マンションを売ったら利益が出た」という体験が私に「不動産っておもしろいな」

と思わせるきっかけになったのです。

20代でマンション購入、そして売却ができたのは、私の祖母がずっと不動産会社を営んでおり、不動産の売買が身近だったことが影響していると思います。初めての不動産売買経験は、祖母がほぼ生涯現役で不動産会社を経営していたことを私に思い出させました。「これからは女性が生涯、続けられる仕事をしていきたいな。そういう意味でも、不動産業は魅力的な業界だな」と、考えるようになったのです。

そこで、まずは不動産会社に就職することにしました。

この転職先の会社で現在、共同経営をしているビジネスパートナー、田原久美と出会いました。田原との出会いが、起業のきっかけへとつながっていったのです。

「女の人生って、どうなるかわからない」と、つくづく思います。腰かけで勤めて専業主婦になりたいな～などと思っていた私が、起業して女社長になるなんて。20歳のころの私には、まるで想像できない未来でした。

でも、20歳そこそこで、自分の人生を設計することなんて、無理なことだとも思います。そもそも、私は自分の性格もよくわかっていませんでした。ずっと「ウエディングドレス」に憧れていたし、バリバリと働くつもりもなく短大を卒業したけれど、じつは仕事が好きで、仕事のおもしろさに目覚めてしまう性格だった。そんなふうに、自分をちゃんと理解できていないうちには、一生ものの「仕事」に巡り合うことはできないと思うのです。むしろ、ひらめきや、経験、チャンスを一つひとつつないでいった先に、開けるのが人生というものなのではないか、なんて思ったりもして。

とはいえ、こうして自分の今までを振り返ると、我ながら「ちゃっかり」しているなあ、と思います。そして、この「ちゃっかり」こそがこれからの時代の働くガールズに必要な「スキル」なのではないでしょうか！

本書は、そんなガールズ社長の「ちゃっかり術」をまとめたものです。いいなあ、と思うところがあったら「ちゃっかり」まねしてください。そして、何歳になってもガールズ流「ちゃっかり」で楽しくオシゴト続けていきましょうね！

新井香奈

Let's 起業！

ガールズ社長が教える、

ちゃっかり、しっかり経営術

もくじ

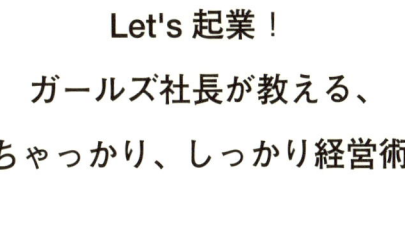

プロローグ

Part 1 独立・起業するまでに「やっておきたい」こと

Part 2 準備が整ったら、Let's起業！

Part 3

会社はできた！ Let's経営！

Part 4

会社を続ける秘訣

Part 5 ガールズにとっての仕事と恋愛、そして結婚

Part 1

独立・起業するまでに「やっておきたい」こと

Part 1

1

お給料をもらいながら、スキルとノウハウを身につけよう

独立・起業をする前にぜひともやっておきたいのが、「お給料をもらいながら、スキルとノウハウを身につける」ということです。

私は自分のマンションの売買経験と祖母を身近で見ていたことから「生涯、働ける仕事」と考え、不動産の業界に興味を持つようになりました。とはいえ、自分が働いたことのない業界ですから、果たして自分に合うのかも想像の範囲でしかありません。合うか合わないかは、実際に働いてみて初めてわかること。なので、「その業界で雇われて働いてみる」のがいちばん手っ取り早い、と思ったのです。

会社員という立場ならお給料をいただきながら、その業界の仕事に必要なスキルやノウハウを学ぶチャンスを得ることができます。私が勤めていた不動産会社は、業務に必要な資格を取得させてくれるシステムもあったので、会社員をしながら宅地建物取引主任者など、不動産業に必要な資格も取得できました。もちろん、資格だけでなく不動産会社経営

のノウハウ、不動産業界での人脈も、この会社に勤務していた時代に培ったのです。会社員ってなんてすてきなのでしょう！

経営者になったら営業もしなくてはいけないし、売上げのことも考えなければいけません。経営をしながらノウハウを身につける余裕などないし、ノウハウがなければアイディアも浮かばない。肝が据わっていて、経営者としての手腕があったとしても、その業界のことを知らなければ経営者にはなれないのです。

けれど、会社員になればノウハウをすでに持っている経営陣や会社のネームバリュー、技術のおかげで、仕事をすることができる。その恵まれた立場を、120％活かして貪欲に吸収しなければもったいないではないですか！

実際に働いてみて、不動産の仕事は朝から晩まで働くのは当たり前であること。しかも、土日祝祭日も営業していますから、週末を楽しむ、なんてことは夢のまた夢。その一方で、お給料は固定給＋歩合制でしたから、頑張れば頑張るほどに、手取りは増えていく。そんな、メリットとデメリットがあることがわかりました。

さらに、不動産は動く金額が大きいので、億単位の取引も珍しくありません。大きな金額を動かすというプレッシャーは相当なものです。「億」という単位の現金を初めて見たときは、さすがに緊張しましたが、いつしか「億」という単位にも慣れ、プレッシャーにも負けないようになりました。

不動産の知識もいろいろと身につけました。

例えば、不動産には「再建築不可物件」というものがある、ということ。「再建不可物件」とも呼ばれるこの物件は、建物を壊してしまうと新しく建てることができない土地のことを指します。このような物件を個人的に買う場合はローンが組みにくいので、新たな買い手がつきにくい。でも、そんな物件の存在がシェアハウスのアイディアへとつながったのです。

売りにくい、建て替えることもできない物件のオーナーさんの選択肢は、自分で住むか賃貸にまわす、のいずれか。自分で住むことができない場合は、賃貸にしたい。けれど、中古の4LDKの一戸建てを、月々16万円の家賃を払い一世帯で住もう、という賃借人はなかなか見つかりません。月16万円も払えるなら、新築の購入も検討できるからです。けれど、1部屋を7万円のシェアハウスにすれば、4人×7万円＝28万円の収益が見込めます。借り手の立場で考えても、7万円はワンルームの家賃とあまり変わりません。同じ金額で個室のほか、広々としたリビングやキッチン、お風呂を共有できるということに魅力を感じる人はたくさんいます。一人暮らしの寂しさや不安も、シェアハウスなら心配いらないというメリットもアピールできる。一戸建てを一世帯に貸すよりも、高い収益を見込める上に、借り手もつきやすくなるわけです。

こうして、勤務先の不動産会社の取扱物件にシェアハウスが誕生しました。

さらに、「宣伝のために、新井さん、ちょっと住んでみて」ということになり、実際にシェアハウスで暮らしました。もちろん、このときの生活も今の私の仕事、シェアハウスのプロデュースの基礎となっています。

その業界の会社員になることは、机上の空論で勉強するよりも、何倍も多くのことを学べるのです。

ちゃっかりポイント

会社は「お金をもらえる学校」と思おう！

会社員として働く、ということは経営者としての勉強の場。お給料をくれて、その上、勉強までさせてもらえる、そういう意識でちゃっかり学んじゃいましょうね！

Part 1

2

働きながら、自分の適性を見極めよう

例えば、「ファッション業界の仕事をしたい」といっても、ファッションには、お洋服、アクセサリー、靴、バッグなどさまざまなアイテムがあります。さらに、販売、デザイン、製造と仕事の内容もいろいろ。

「お洋服に囲まれていたい！」

とショップで働いたけれど、じつは接客が得意じゃなかったとか、

「お洋服のデザイナーになりたい！」

と夢を抱いたけれど、その業界に身を置いてみたら、自分はデザインよりも縫製のほうが向いていた、ということもあり得ます。私自身、「腰かけ社員」のつもりで就職したら、働く喜びに目覚めてしまったわけですから、自分のことは、意外と、自分ではよくわからないものなんですよね。

実際にその業界に身を置くと、自分の特性だけでなく「新規参入できる余地があるか」「自

分がその業界で渡り合っていけるか」といった現実的な側面も見えてくるもの。ひとくちに不動産業界、といっても、賃貸、売買、そして住宅、オフィス物件、土地・建物といろいろな分野があります。私も自分がどの分野に向いているのか、どの分野ならば起業して渡り合っていけそうなのかを会社員をしながら見極めていました。

不動産業界で言うと、大きな金額が動くビルなどの物件の売買には、それなりの人脈と経験値、資金力が求められます。どんなに憧れたところで、新参者のガールズ社長が太刀打ちできる世界ではない。けれど、個人が住む住居の場合、決定権は奥さん、つまり、女性が持っているケースが多いので、女性目線が役立つ……。そんなことも、不動産会社で働いていた頃に体感しました。

ある程度、業界を絞り込んで、その業界に身を置いて働き始めたら、客観的な視点で業界の実情、顧客のニーズ、そして、自分の特性を総合して「将来的に、どういうジャンルで勝負していくか」も絞り込めるようになります。そうやって起業する前に、自分が何ができるのか、何をやりたいのかをはっきりさせておくことはとても大切。

もちろん、働いているうちに自分に適性がなかった、ということに気づく場合もあると思います。外から見ているイメージと現実が違う、ということはよくあるからです。なぜなら、外に向けて「よいイメージ」を発信するのは、どんな業界でも戦略的に行われていることだから！

女社長という存在も、イメージが先行している存在だな、と私自身、思います。高級ブランドを身にまとって、すてきな家に住んで、高級車に乗って……などというのは、メディアや世間に向けた演出であることが多々あります。湖面を美しくなめらかに泳いでいる白鳥が、水面下では必死に足を動かして水をかいているのと同じ。ビジネスの世界はきれいごとだけではありませんし、だまされたり、不愉快な思いをしたり、ということも少なくありません。「苦い経験」というヒミツのない女社長なんて、いないでしょう。

フリーランスとしての独立や、会社を設立して起業という形で事業を始め、それで食べていこうと思うのなら、業界の裏も表も、一通り体験しておくことは大切な要素の一つだと思います。そして、一通り裏も表も経験して、いざ、独立・起業したとしても「ぎゃふん」と言わされるような出来事は避けては通れない。けれど、あらかじめ裏も表も熟知していれば、ある程度は予測できるし、「そういうことがあり得る」と割り切れるようになって、必要以上にクヨクヨしないですみます。「この業界には、こういうことがつきものなのだ」と思えるくらいに神経を図太く育てておきましょうね。

また、私は会社員時代に、当時の経営者から「経営者のノウハウ」も学ぶことができました。当時の社長は、部下のモチベーションを高めながら、最大のパフォーマンスを出させる技術に長けている人でした。社員の性格に合わせて指導したり、発奮させる、巧みな人心掌握術を持っていて、「ほめて育てる」と「叱って育てる」をうまく使い分けていました。

社長が自分の「やり方」を部下に押しつけるのではなく、部下の個性に合わせて「やり方」を変えていくほうが企業は成長する、ということを学べたのも社長のおかげです。これから起業しようと考えている人にとって、自分の勤務先の社長はどんな社長であっても師匠なのです。

ちゃっかりポイント

会社員時代に経営者目線を身につけよう！

どんな人であれ、社長は社長。生きた教材的な存在です。人の使いほう、判断の下しほう、コスト意識などなど、勉強になることはたくさんありますから、よ〜く観察しましょう！

Part 1
3

ライバルは、よきパートナーになり得る

私は、取締役の田原久美と一緒に今の会社を立ち上げました。彼女との出会いなくしては、今の私はないですし、田原がいたから経営を軌道に乗せることができたと心の底から思います。

女二人で会社を立ち上げ、経営していると聞くと、多くの人が私たちが仲良しのお友達同士で起業した、と思われるのですが……。じつは、まったく、違います。

私たちは、不動産会社勤務時代に、同期として入社しました。けれど、特別に仲良し、というわけでもなく……。むしろ、ライバル的な存在でした。一緒にご飯を食べる、というコミュニケーションもなし。私は、常に営業成績の1位、2位を争う相手の田原に対して「負けるものか」という気持ちを抱いていたのです。とはいえ、いがみ合ったり、足を引っ張って蹴落としてやろう、というような、少女マンガみたいなことでもなく、仕事がデキる彼女に敬意を持っているけれど、必要以上に仲良くない、

というような不思議な関係が続いていました。

精密機器メーカーを退職後、不動産会社に入社した私でしたが、30歳になる頃「そろそろ、会社を辞めて独立しようかな」という気持ちになっていました。

とくに、「30歳で起業!」という目標があったわけではありません。

勤務先の不動産会社の経営陣が交代したことで、やりにくさを感じ始めていたのです。

精密機器メーカーを辞めた時もそうでしたが、この時も自分の意思とは関係ないところで起こった変化が、結果的に、私自身のターニングポイントになりました。

「そろそろ辞めようか」という気持ちが芽生え始めたある日、たまたま、田原も私も六本木で営業回りをしていて、どういう流れだったか忘れてしまったのですが、一緒にランチをしよう、ということになったのです。

「せっかくだから、気分があがるところでランチをしよう」

と、リッツカールトンホテルに行きました。

ランチをしながら、私はふと田原に「会社、辞めようかな、って思っているんだよね」と打ち明けました。別に仲良し、というわけじゃないけれど、営業成績トップを争う間柄なのだから、そのくらいの仁義は切っておいたほうがいいな、という思いからでした。すると、田原も「私も辞めようと思ってた」と言い出し、なんとなく、「じゃあ、辞めて一緒に独立しようか？」

「やろう！　やろう！　やればできるよ！」

と、ものすごく安易なノリで、一緒に起業をする約束をしたのです。

リッツに入る前は、同じ会社でライバル関係だった二人が、出るときには、共同起業・共同経営を約束し合った仲になっていました。

リッツの雰囲気で気分があがっていたこともあったのかもしれません。

けれど、不思議と何の迷いもありませんでした。まずは、私が会社に辞意を伝え、しばらくして田原が辞表を出しました。辞めた後に二人で独立しようとしていることは社長には言いませんでした。なのに、社長の言葉は、「君たち二人で独立すれば？　なんなら出資してもいいよ」。

おかげで、私たちはコソコソせずに、堂々と独立することができたのですが、社長からの出資については、「お気持ちだけありがたく頂戴します」と辞退しました。

出資を断った理由は、詳しくは後で書きますが、経営をできるだけシンプルにしたい、という思いがあったからです。不動産業をやる以上、資金力はあるに越したことはありません。資金があれば大きな取引が可能となり、結果、大きく儲けることができるからです。けれど、出資をしてもらうと、経営は複雑になっていきます。出資者が増えれば増えるほど、意見を言う人も多くなります。私と田原には、「自由にやりたい」という思いが強くありました。そのためにも、「誰からも出資や援助を受けずにやろう」と考えたのです。

それにしても、給料を払いながら資格やノウハウを学ばせたうえに、退職して独立するという社員に対して出資を申し出るという、社長の器の大きさにも驚きますが、ライバルと一緒に起業することになるなんて……。人生ってホント、不思議ですね。

ちゃっかりポイント

ノリと勢いを大切にしよう

どんなことでもあれこれ考えすぎてしまうと決断ができなくなってしまうもの。ノリや勢いに押されているな、という瞬間は「タイミングが来たのかも？」と前向きに考えて！

Part 1

4

初めてのシェアハウス・プロデュース

東京ガールズ不動産が手がけているシェアハウスについて、少し、お話ししますね。みなさんがこれから始めたい、と考えているビジネスとは業種が違うかもしれませんが、ヒントになることがありましたら、ちゃっかり参考にしちゃってください！

私が最初にシェアハウスをプロデュースしたのは、不動産会社に社員として勤務していたときのこと。今のようにシェアハウスが注目される、少し前のことでした。前にも書いたように、都内の一戸建てを賃貸物件にする、という案件だったのですが戸建てで貸すとなったら、15万〜16万円ほどの賃料にしなければオーナーさんにも賃貸するメリットがない。けれど、築年数や立地を考えると、それだけの賃料を取れそうにない物件だった、というのが、そもそものスタートだったのです。

「どうしようか……」

リフォーム業者さんを交えながら話し合っているとき、ミーティングの参加者の誰かが

「シェアハウスにしてみたらどうだろう?」と言い出しました。試算してみると、シェアハウスならば、1人7万円は家賃が取れそう。個室は4部屋あったので、4人まで入居できますから、4人×7万円で28万円の賃料が見込めます。管理費やリフォーム代のことを考えても、これなら、オーナーさんにも納得できる賃料が入る。こうして、この物件をシェアハウスとしてリフォームすることにしたのです。

とはいえ、その時のリフォームはいたってシンプル。水回りや壁紙をきれいにして、という一般的なものでした。予算があまりなかったので、なぜか私がペンキ塗りをしたりもして……。そんなこんなで、出来上がったシェアハウスに、

「じゃあ、新井さん。宣伝のためにちょっと住んでみて」

ということになり、私を含めた女性3人と男性1人が入居したのです。

実際に住んでみると、プロデュースしているときには想像もしていなかったことに気づきました。

例えば、男性が入居していると「トイレの便座が上がっている」ということが、しばしば起こります。これが、じつは意外とストレスになるんですね。親や兄弟、彼氏が「便座をあげっぱなしにする」というのとは、受け止める心理が違うのです。ささいなことだけ

ど、他人同士が一つの家をシェアすることの難しさを物語っているな、と感じました。

また、シェアハウスでは共有部分に置く家具や家電をあらかじめ設置しておきます。冷蔵庫、洗濯機、リビングのテレビ、電子レンジなどは入居者がシェアし、同じものを使うのです。物件の価値を高めるには、家電類もオシャレで格好いいデザインのもののほうがよいだろう、ということでデザイン重視で選んだのですが……。

デザインを重視しすぎると、使いにくい、という現実も明るみに出ました。

さらに、やっぱり、赤の他人の男性と家電を共有して使うというのはどうだろう？ といういう気持ちにもなったのです。

私自身、それほど潔癖症という自覚もなかったのですが、それでも気になった。だとしたら、もっと繊細な女性だったらシェアハウスで暮らすのは難しいだろうなと思いました。ほかにもいろいろな「反省点」も見えてきたところで、私自身、そのシェアハウスで暮らすのが正直なところしんどくなってきたので、自分の家へと撤退しました。

当時も、女性専用のシェアハウスは存在していました。やはり、赤の他人の男性とシェアハウスで暮らすことの難しさがあるからでしょう。とはいえ、「女性専用」とうたって女性の入居者しか受け入れていないだけで、パッと見た印象は普どおのシェアハウスと同じ……。物件そのものに、女性に特化した「何か」があるわけでもないという状況でした。

他人と家をシェアするのは楽しいこともたくさんあります。でも、一ほうで、きちんとルールを作り、入居者の人柄などをしっかり審査したり、管理する立場としてそれらのルールを厳守してもらう仕組みづくりが必要なのだ、と痛感しました。

このときの経験が、東京ガールズ不動産のシェアハウス「東京コマドリ」のプロデュースに大いに役立ったのですが……。そのときは、まだ、自分が将来、シェアハウスをプロデュースするとは夢にも思っていなかったのでした。

ちゃっかりポイント

会社員時代の経験は「いつか役に立つ」

宣伝のため、シェアハウスに住んだときは、正直、しんどかったですが、その経験があったからこそ「東京コマドリ」のブランディングも成功！どんな経験も、役に立ちます！

Part 1
5

「いつか」は来ない。そして「その時」は不意にやってくる

独立する、起業する、というと、「3年間で人脈と金脈をつくって、立ち上げてからすぐに利益が出せるように計画を立てよう」などと考えるのが一般的かと思います。いわゆる、ビジネスプランニング、というやつです。

けれど、私と田原にはそんなプランニングもなく、リッツで「一緒にやろう」と盛り上がり、その1週間後には辞表を出すという、よく言えば運命的な、悪く言えば行き当たりばったりな決断をしました。

一般的には、計画的に将来設計をすることが「よい」と言われていますが、私は自分たちの経験から、計画することがベストの選択だとは言いきれないな、と感じています。世の中、計画どおりに事が運ばないことは多々あります。

社会情勢は個人の計画に関係なく移り変わっていくし、予期せぬ出来事が起きることだってあります。むしろ、この予期せぬ出来事がきっかけとなって、次のステップに踏み出

すことになる場合もある。

私の場合、精密機器メーカーでの人事異動と離婚という、予期せぬ出来事がきっかけで、不動産会社に転職し、その会社の経営ほう針の変化が辞意を固めるきっかけとなりました。

まったく計画的とは言えない起業のきっかけですが、実際、女の人には、そういうふうに選択を迫られるときのほうが、火事場の馬鹿力というか、一か八かの賭けに出るパワーが湧いてくるものなんですよね。

「いつか」と言って「いつか」に備えて準備をしているだけでは、その「いつか」は来ない。反対に、「その時」は不意にやってくる。

そして、不意にやってきた「その時」に、「えいっ」と第一歩を踏み出したほうが、かえって成功するんじゃないか、と思います。計画は立てておけば安心するかもしれない。でも、計画があればあるほど、その計画に縛られて自由な発想ができなくなってくると思うのです。

緻密すぎる計画は、想定していたことと少しでも違う出来事が起きたときに打撃が大きい。少しでも歯車が狂ったら、ガラガラと崩れてしまうようでは、事業を続けていくことはできません。

安易なノリでも、行き当たりばったりでも、やり遂げる、という強い思いを持つことができれば、計画にないタイミングであっても自分にとっては「その時」なのです。むしろ、「やり遂げる」強い思いのほうが、緻密な計画よりも武器になる。

「いつか起業したい」

といって、セミナーに通ったり、人脈をつくったりと入念に準備をしている人のほうが、起業のチャンスを逃している場合も多くあります。

「今は業界の動きが悪い」

「今は社会情勢が不安定だ」

などと、理由をつけては「いつか」を先延ばししているのではないですか。

独立や起業をして、それで「食べていっている」人たちに話を聞くと、「その時」を計画的に実行に移した人はあまり見かけません。

反対に勤務先の経営が傾いてきた、事業縮小になった、早期退職者を募ったというような出来事を「チャンスに変えよう」と一念発起する人はわりとたくさんいます。ピンチをきっかけづくりのチャンスに変えることができる人こそが、起業家に向いているのかもしれませんね。

もし、今、あなたが「いつか」と思っているのなら、その「いつか」を取りあえず忘れてみませんか？

頭の中で考えている「計画」をいったん忘れてしまえば、きっと「その時」のチャンスを敏感に察知できるようになりますよ！

ピンチの真っただ中にいると感じていたとしても、下を向いているのは、ガールズらしくありません！　気持ちをあげて、自分のベストタイミングを自分で決める強さを持ちましょうね。

ちゃっかりポイント

チャンスはもれなくつかもう

「運がいい」人はチャンスが訪れた瞬間に反射的に、取りあえずガシッとつかむ反射神経があるのだと思います。取りあえず、「つかむ」ことが大切なのです！

Part 1

6

ガールズ流 起業後の生活資金ねん出術

独立・起業後も、当然のことながら生活費が必要となります。

起業したからといって、その月からすぐにお給料を得ることはできませんから、当座の生活費を確保しておかなくてはなりません。

生活費がいくら必要かは、個人差がありますが、新しい事業で得た収入で食べられるようになるには、最短でも半年はかかると思っておいたほうがいいでしょう。

では、この「食べられない半年間」をいかに、乗り切るか？

生活費に充当できる分の貯金があればいいのですが、独立・起業にはいろいろと現金が必要になります。会社法の改正によって、今は、資本金1円でも会社設立の登記ができますが、登記にかかる印紙代などの費用、オフィスの家賃なども見ておかなくてはなりません。一生懸命、働いて貯めた貯金は、悲しいかな、あっという間になくなります。

でも、ガールズにはアノ手があるんです！

私たちの起業後の生活を支えたのは、ブランド物や着物でした。そう、「売る」のです！

不動産会社に勤務していた頃は歩合制だったため、私はメーカー勤務時代のボーナスと同じくらいの額の月収を得ていました。それらは、ブランド物や着物に姿を変えていたわけですが、起業後、売って生活費に充てていました。

ブランド物はレアものアイテムだったりすると、新品よりも高価に売れる場合もあります。ジュエリー類も然り。とくに、今は金が高騰しているので、元カレにもらったジュエリーや、衝動買いしたノーブランドのアクセサリーでも、けっこう、いいお金になる可能性が大です！

独立や起業するしないに関係なく、ガールズならば「将来、売れるもの」こそを買って、自分へのご褒美にしましょう。流行に左右されない定番アイテムなら、買い取り価格も安定していますからね！

ジュエリーならば、18金やプラチナ製のものを。ノーブランドでも、そのときの相場で買い取ってもらえますし、「片ほう、落としちゃったピアス」とか、「留め具が壊れちゃったネックレス」でも買い取り可なのがうれしいですよね。

起業直後の「食べられない時期」をこうして乗り切った私たちですが、最後の最後に「アレがある……」とあてにしていたのは、婚約指輪でした。

離婚したときに、元旦那さんに返そうとしたら、「それは、あげたものだから、もらっておいて」と言われ、ありがたく受け取っていたのです。

じつは離婚したものの、元旦那さんとは今も会うことがあります。離婚したことで、友達、というよりも、きょうだいのような、いい関係を築くことができたのは、そもそも男女の関係としてではなくソウルメイトのような縁のある相手だったのかもしれないな、と今は思っています。

食べられない時期に「婚約指輪を売ってもいいかな」と打ち明けたら、彼もさすがに「どうぞ」とは言えなかったのでしょう。「それは、ちょっと待って」と止められました。結局、婚約指輪を売らずに生活できるようになったのですが、あの頃の私には婚約指輪は「いざとなったら、コレがある」というお守りのような存在でした。

不景気が続く中で消えてしまいましたが、かつて婚約指輪は「給料の3カ月分」のものを、というのがブライダル業界の常識でした。ジュエリーショップのCMでも、そういうキャッチコピーが使われていましたよね。

なぜ、3カ月分かというと、そもそも、婚約指輪には「未亡人が最低でも3カ月は生活できるようなモノを渡す」という意味があるのだそうです。それが転じて、お給料の3カ月分、というキャッチコピーが生まれたのでしょうが、婚約指輪は未亡人の当座の生活を守るための、夫からの愛の証しなんですね。バツイチ女社長のお守りにもなってくれましたし！

結婚するときに、ちゃっかり「売れる」婚約指輪をもらった私と別れるときに「あげる」と言ってくれた太っ腹な元旦那さんに、本当に感謝！です。

ちゃっかりポイント

イザというとき「売れる」アイテムを持つ

貯金に励むことも大切ですが、それだけでは審美眼も心も培われません。良いものを手にして、一流を味わい、イザというときにお金に換えることができるモノをチョイス！

Part 1
7

ガールズ社長にパトロンはいらない！

女社長というと、「誰かパトロンがいるんだろう」と思われがちです。実際、パトロンがいる女社長は少なくありませんので、そのほうが一般的なのかもしれませんが、東京ガールズ不動産にはなんと、パトロンはいません！

前職の社長から「出資」の申し出があったり、ほかにも、いくつか出資のお話はいただきました。今思えば、出資ではなく、文字どおり、愛人になることを前提としたオファーがあったのかも……。そういうのに一切なびかなかったのは、私が「おじさま」たちを恋愛対象ではなく、どうしても「人生の先生」としてしか見られなかったからでしょう。実際のところ、パトロンなしでも起業し、成功することは可能だと私は考えています。

そもそも、なぜ、パトロンが必要とされるのか、というと第一に資金のことがあります。資金を出してもらうと、事業の幅を広げられるのはもちろんですし、パトロンが持っている人脈を紹介してもらったり、後押しをしてもらったりと、何かとメリットが多いのも事実。女だけ、ということで足元を見られる心配もないし、いざというときは頼りになる。

その一方で、経営方針にも意見されたり、自分の自由な発想でのビジネスがやりにくくなる問題点もあります。とくに、愛人として出資してもらってしまうと、愛人関係に問題が起きた時、同時に、会社の経営にもその問題が影響します。愛人関係を解消して別れる、なんてことになった日には、ケチな愛人から「今まで出したお金を返せ」と言われるかもしれません。

そういう面倒なことにならないためにも、私たちは最初から、一切の出資をお断りする、というスタンスを貫いてきました。

私たちの会社は、代表取締役の私と、取締役の田原、そして、アルバイトだけで経営しています。正社員を採用しない、というのも、私たちの約束事の一つなのですが、それは、身の丈を超えた経営をせずに、自分たちのできる範囲でやっていくことを選んでいるからです。もちろん、会社としては規模を大きくして利益を増やしていく、という経営方法もあります。けれど、それは、私たちが望む起業の形ではないのです。だから、パトロンも必要ない。

とはいえ、後ろ盾となってくれた方々に支えられてきたのも事実です。

物件のオーナーさんを紹介してくれたり、困ったときにアドバイスをくれたり……。ガールズ社長の至らないところを、フォローしてくれる方々がいたから、私たちは会社を続けることができました。つまり、重要なのはパトロンや出資者がいることではなく、助けてくださる人生の先輩方に恵まれるかどうか、なのです。

とはいえ、女が独立や起業をすると、出資やパトロン、という目的だけでなく、それ以外の「いろいろなお誘い」があるのも事実です。仕事を発注するような気配を漂わせつつの食事に誘われ、「仕事がもらえる！」と思って出かけていったら、どういうわけか、ものすごく夜景のきれいなレストラン。もしかして、この人、私を口説いてる？　と思われるような状況に遭遇することがあるかもしれません。

「打ち合わせ、と称して、何度もお茶やランチに呼び出されて嫌気がさしたので、フリーランス仲間の男性に頼んで同席してもらい、ビジネスパートナーとして紹介したら、二度と呼び出されなくなった」

と、あるフリーランサーの女性が嘆いていました。「打ち合わせ」じゃないのが見え見えすぎて笑ってしまいますが、こういうときはパトロンがいなくても、仲間や先輩にちょっと助けてもらえば、あっさり解決できるものです。

「仕事をエサに釣るなんて、いやらしい！」

と思った読者の方も多いと思いますが、世の中なんて、そんなものです。この手のお誘いは会社員をしているよりも、格段に増えると思っておいたほうがいいでしょう。

ただ、全員が全員、下心満々というわけでもありません。中には、きちんとビジネスのお話をしてくれる方もいらっしゃいます。そういうチャンスは、しっかりとつかみ取りたいものですよね。

ちゃっかりポイント

頼れる人には素直に頼ろう

頼れる人がいることは、起業するしないに関係なく、人生にとって重要ポイント。「迷惑かけたくない」というのは意地っ張りなだけ。頼った後にちゃんとお礼をすればいいんです。

Part 1
8

ビジネスプランに自信がなかったら……審査を受けよう！

「独立したいのだけど、自分にできるのだろうか？」

「このビジネスプランが世間に通用するのだろうか？」

独立や起業をしたい、と思っていても、「果たして、やっていけるのだろうか？」という不安に襲われるものです。

かくいう私は共同経営者の田原に「危機感がなさすぎる」と怒られるほどの楽天家なので、こうした不安とは無縁だったのですが、一般的な感覚を持っている女性なら不安に思うことでしょう。

さらに、家族や友人、知人から、

「世の中、そんなに甘くないよ」

といったアドバイスをされて、不安になるというケースもあると思います。

そんなときは、起業支援の助成金や創業融資の審査を受けてみることをおススメします！　パソコンを立ち上げて「起業　助成金」、「起業　融資」といったキーワードで検索すると、自治体の助成金や融資の情報がたくさん出てきます。

助成金は返す必要がないというメリットがあるので要チェックです。融資の場合は、返済が必要ですが、低利で借りられるうえ返済据え置き期間も長いのが魅力です。助成金や融資の種類によっては、締め切りや申し込み期限が設定されているので、こまめにチェックしてくださいね。

こうした助成金や融資のほかにも、独立・起業に対する法律相談や経営アドバイスの制度もあります。自分のビジネスプランを客観的にチェックしてもらえるので、大いに活用しましょう。

また、融資といえば、銀行から融資を受ける、という方法もあります。

私自身、以前勤めていた会社の上司から、

「銀行は晴れの日に傘を貸してくれる人だよ」

と言われていたのですが、まさにそのとおりでした。

本当に必要な時に、銀行は融資してくれない。むしろ、こちらの調子がよくなり、創業してから数年経った頃に、

「融資を受けませんか?」

とやってくる。融資を受けて、事業を拡大したらどうですか? ということなのですが、もともと、事業を拡大するつもりがない私たちにとっては、まさに晴れの日に傘を貸してくれる人そのものでした。

つまり、起業したてのガールズ社長にとって銀行は頼りになりません。ガールズ社長が頼れるのは、「売れる」ブランドバックやジュエリーだということを、肝に銘じておいてくださいね。

この頃では、雇用創出のために起業を支援するシステムが増えています。

自治体によるのですが、起業後のオフィスの賃料をサポートしてくれたり、ホームページの製作費を支援してくれるといったシステムもあります。

女性起業家が起業プランを競うコンテストの賞金で起業資金をゲットする、というほう法もあります。

ぜひ、会社員をしている間に、こうした情報を集め、応募をしたり審査を受けたりしてくださいね。審査にどおるかどうか、受賞できるかどうかは、その時の運もあるでしょう。

あまり期待しすぎずに「ビジネスプランに自信をつける」ために利用するくらいの気持ち

でいるのがちょうどいいと思います。

起業前の会社員時代は、お給料をもらいながら修業する時期です。

起業後は、会社の営業や売上げ、自分の生活費のことを考えながらビジネスを軌道に乗せるために、がむしゃらに働く日々が始まります。

なので、お給料の心配をせずにいられるこの時期を、存分に活用してほしいな、と思います。

ちゃっかりポイント

使える制度はとことん使おう

世の中、知っていると得をすることがたくさんあります。今はインターネットで簡単に情報がゲットできる時代ですから、「なんか、いい制度がないかな」と調べてみて。

Part 2

準備が整ったら、Let’s 起業！

Part 2
9
まず、自社の「ウリ」を考えよう

東京ガールズ不動産の「ウリ」はシェアハウスです。もう少し、詳しく説明すると、女性経営陣が女性目線で物件をプロデュースし、女性専用のシェアハウスとしてリフォーム、入居者募集、入居審査、管理を一貫して手掛けています。こうしたシェアハウスの存在が珍しいこともあって、テレビや雑誌、新聞の取材を受ける機会に恵まれ、私たちの会社の経営は、少しずつ軌道に乗ってきました。

独立・起業をするのなら、まずはこの「ウリ」を考えることから始めましょう。どんな業界でも、競合相手がたくさんいます。歴史のある会社、資本の多い会社と真っ向から勝負してもかないません。ですから、競合の中で自分たちの力量で勝負できる、独自の色を出した戦略を立てるのです。

不動産業界の仕事をざっくり二分すると売買と賃貸があります。さらに、それらの物件が個人の住居となるマンションや一戸建てなのか。それとも、法人向けのオフィス物件なのか。または、ビルなどの大きな物件を丸ごと所有し、賃貸して管理するなど、さまざまな業態があります。そして、それぞれの会社ごとに得意とするジャンルがあります。もちろん、扱う物件の価格が大きければ大きいほど、利幅の大きい仕事となりますので「大きい商売をして、大きく儲ける」派と「小さい商売をして、小さく儲ける」派にも二分されます。もともと、私たちは会社を大きくすることよりも、続けることに重きを置いていたので「身の丈にあったビジネスをしていきたい」と考えていました。大きい商売をするだけの資本もないので、おのずと、小さい商売という選択になります。

じつは、会社を設立した当初は「シェアハウスをウリにしよう」という計画はありませんでした。なにせ、行き当たりばったりでしたので、今、書いている「ウリを考えよう」という話は、私たちの経験から得た結果論です。計画に縛られすぎないことをおススメしている私ですが、さすがに、これくらいのプランニングはしておいたほうがよかったな、という反省がありますので、ぜひ、参考にしてくださいね。

東京ガールズ不動産の場合は、試行錯誤の末に「シェアハウス」に行きついたのでした。シェアハウスは、プロデュースという手間がかかることや、大きな利益が出るジャンルではないことから、不動産業界の「隙間」的なマーケットだったのです。その隙間に、私たちは「ちゃっかり」とおさまった次第なのでした。

一方で、不動産を取り巻く事情の中でもシェアハウスにしたい、というオーナーさんが増えてきているという状況が追い風となってくれました。前述した再建築不可物件だけでなく、親から家を相続したけれど自分も家を所有しているので親の家が空き家になってしまった、というような事情で都心部では広い一戸建ての空き物件が増えてきているのです。きょうだいがたくさんいた時代ならば、誰かが実家に住まうこともできたのでしょうが、ひとりっ子同士の結婚も珍しくない今、実家の扱いに困ってしまうケースが増えてきています。「ならば、賃貸にしよう」と思っても、いくら立地がよくても中古の一戸建てにそれなりの家賃を払おう、という人も激減しています。住宅ローンの月々の返済のほうが家賃よりも安いことが少なくないからです。

家は人が住まないでいると、どんどん老朽化してゆきます。そして、老朽化すればするほど、物件としての価値は下がります。取り壊し、ということになっても、多額の費用がかかりますから、こうした家を持つオーナーさんの選択肢として、シェアハウスが注目されるようになっているのです。

このような時代の流れに「ちゃっかり」と乗った私たちは、以前の勤務先の不動産会社でシェアハウスをプロデュースし、扱っていたノウハウを駆使して「東京コマドリ」というブランドをつくりました。小さな間取りという意味と、体を寄せ合って仲良くお互いを温め合う駒鳥のイメージからネーミング。内装も、海外のドラマや映画でオシャレなガールズたちが暮らしているアパートメントのようなイメージを実現しました。東京コマドリの物件には、都心のオシャレスポットにあるものも多く、アクセス至便の環境で、しかも、オシャレな物件で暮らせるとあって、おかげさまで、けっこう満室御礼なのでございます！

私たちの場合、起業後にこのような「ウリ」をつくり上げましたが、その分、少し遠回りをしたなとも思っています。これから独立・起業するならば、この点はあまりまねをしないでね！

ちゃっかりポイント

業界の「隙間」にすっぽり収まろう

時代や社会情勢の変化によって、ビジネスチャンスは移り変わります。その時々の時流に乗って、大手や老舗が手掛けていない「隙間」にちゃっかりとおさまるのがガールズ流！

Part 2 10

東京ガールズ不動産シェアハウスブランド「東京コマドリ」誕生！

以前、勤務していた不動産会社でシェアハウスのプロデュース、そして、実際に暮らすという経験をしていた私でしたが、ガールズ社長となってしばらくの間は「うちでシェアハウスを手掛けよう」という気持ちは、まったくありませんでした。

ところが、紹介されるオーナーさんの物件が再建不可物件だったり、都心の一等地の5LDKの一戸建て、というようなことが続いたのです。

「これらの物件で収益を上げようとするなら、シェアハウスしかないなあ」という状態。2008年のリーマンショック以降、外国人向けにつくられた一戸建て住居の空き家も目立ってきていました。

外資系企業の日本支社に勤める外国人たちが一斉に本国に帰ってしまったこと。そして、それだけの広さの一戸建て住宅の家賃を払えるような人もおらず……という状況で、空き家状態になってしまったのです。

建物つきの不動産は遊ばせておくことが難しい資産です。更地《さらち》であれば、売るなり、駐車場にするという方法も取れますが、建物がついている場合、そして、それを取り壊したり建て替えたりが難しい場合は、ただの中古物件になってしまいます。

もう、どう考えてもシェアハウスしか、これらの物件の救済方法が思いつかなかったのですが、問題は私がかつて暮らしたシェアハウスでの反省点です。

正直なところ、あの暮らしを自分がしたいか、と問われると微妙でした。

自分が「住みたい」と思えない物件を扱うのは、いかがなものか。

だったら、自分が住んでみたいと思える物件にすればいいのだ！　と思いいたったのでした。

そう考えると、絶対に譲れないのは便座問題および、男性と家電を共有するという問題。

これは、女性専用にすればいい。

シェアハウスで暮らすメリットは、ワンルームマンションと同じくらいの家賃で、個室プラス、広々としたリビングやキッチンを使えるということです。もちろん、女性の一人暮らしにつきものの、寂しさやセキュリティ上の問題をクリアできるという点も大きな魅力でしょう。物件によっては、自分ひとりだったら借りられないような好立地に暮らすことも可能になります。

一方、デメリットを考えると、やはり、プライバシーの問題が挙げられます。見ず知らずの人たちと家をシェアすることへの心配や抵抗感もできる限り払しょくする必要があるのはもちろん、きっちりとルールを作って、そのルールをしっかりと守ってもらえる仕組みづくりが必要です。女性専用だからこそ、安心して暮らしてもらえるように入居の審査をきっちりしなくてはいけない責任もあります。

シェアハウスにすると、運営側には、入居者が1人退出したとしても物件がまるまる空いてしまうことが避けられるメリットが生まれます。入居時の審査に多少、手間がかかったとしても長い目で見ればコストが削減できます。

こうしたメリット、デメリットを検証してみると、やはり「ウリ」となる「物件そのものの魅力」が不可欠です。そこで、誕生したのが「欲張りな大人女子たちに贈るライフスタイル提案型不動産」という東京ガールズ不動産のコンセプトでした。

どうせリフォームするのならば、徹底的にこだわって海外ドラマに出てくるおしゃれガールズが暮らしているような物件をつくろう。そこに住んでいるだけで、気分が「あがる」部屋をつくろう、と考えたのです。

物件によっては、もともと家具が備え付けの場合もありますので、それも、物件の魅力として打ち出す。そして、敷金・礼金のシステムではなく、退室時償却のデポジット制にすることで、引っ越しへの負担を軽減しました。

入居審査は収入や職業ではなく「人柄重視」です。シェアしている人同士、仲良くやっていけそうか、ということを中心に面接をしようと決めたのです。

どんな部屋なのかな？ と気になられた方。「東京ガールズ不動産」と検索してサイトでご覧くださいませ。きっと、「わあ♥」と言ってもらえると思います！

しっかりポイント

消費者の視点でジャッジしよう

自分の感性やオシャレ、格好よさを追求しすぎて自画自賛になってしまうと、世間には受け入れられないことも多々あります。消費者の視点に立って「どう思うか」を意識して！

Part 2

11

インテリア選びは女子目線で

東京ガールズ不動産が最初にシェアハウスを手掛けたとき、田原とふたりで

「自分たちが住もうと思ったときに、どうかな？」

という視点でプロデュースをしました。

たとえば、ものすごーくオシャレな物件を、それこそ、何から何までプロに頼んでつくり上げることも可能です。

「でも、あんまり格好よすぎる部屋だと、私なんかが住んでいいんですか？　って気分になると思う……」

「私もそう思う」

と、意見が一致しました。完璧すぎるホテルの居室で「居心地が悪い思いをした」経験をしたことがある方もいらっしゃるかと思います。あまりにも自分とかけはなれた「オシャレすぎる部屋」は、身分不相応に思えてくるものです。

格好いい物件やインテリアはホテルならともかく、実際に住んでみると生活しにくい側面もあります。シェアハウスで暮らす女性は20代、30代のいわゆる大人の女子が中心になるだろう。だとしたら、プロに頼まず、私たち世代の感覚でつくり上げたほうが、より暮らしやすい部屋が作れるだろうと考え、私と田原、二人の感性でつくり上げることにしたのです。

ここでもまた、私たちが共同経営をしていながらも、正反対な性格であることが幸いしました。

田原は使い勝手のよさを考えるのが、とても得意。一方の私は、どちらかというと「可愛い」とか感覚的なほうが得意です。得意分野が微妙に異なるけれど、お互いの「仕事に対する姿勢」は不動産会社勤務のときによく知っていて信頼し合っているので、意見を出し合いながら一つひとつ、物件をつくり上げました。

シェアハウスに設置するインテリアも田原と一緒に選び、モノによっては軽トラに乗せて自分たちで搬入します。

「これ、可愛い」

と私が気に入っても、予算や使い勝手の角度から田原が検証します。もちろん、ＮＧが出ることもありますが、田原の判断力は私もリスペクトしているので納得できます。

でも、どうしても私が「やりたい！」と思うときは、田原に「やらせてください」とお願いします。すると、田原も「そこまで言うのは、何かあるんだろうな」と思ってくれて、承諾してくれる。

そういうバランスがうまくとれることも、私たちがうまくいっている理由のひとつなのだと思います。

そんなこんなで、つくり上げた最初のシェアハウスは、あっという間に入居者が決まり満室となりました。そのとき、私たちは、

「コレ、いける」

と確信したのです。そして、

「どうせやるなら、ブランドをつくろう」

ということになって生まれたのが「東京コマドリ」です。

シェアハウスを自分たちの手で時間をかけてつくり上げた甲斐があったな、と実感できたのは、2棟目のシェアハウスをつくったときでした。テレビ局から「30分の特番で紹介させてください」と取材の依頼がきたのです。

やはり、仕事は自分の体を動かして、自分の感覚で進めていくことが大切なのだと思いました。そして、頑張れば、その頑張りは必ず結果として返ってくるということもよくわかりました。

その後、時代の流れの追い風を受け、シェアハウスで暮らすということがライフスタイルの一つとして注目されるようになってきました。おかげさまで、私たちの仕事も徐々に軌道に乗ってきたのでした。

ちゃっかりポイント

「同世代目線」を活かそう

ガールズ社長の強みはなんといっても、同世代の消費者の目線になれる、ということです。自分たちの「欲しい」を実現することが、成功への近道なのです！

Part 2

12

会社のブランディングは大切です

行き当たりばったりな私たちですが、「ここは絶対に外せないよね」と珍しく戦略的に考えたのが、ブランディングについてでした。

新しい私たちの会社が、外からどんなイメージで見られることがよいのか、を徹底的に意識しました。

まず、こだわったのは、本社の所在地、つまりオフィスです。

不動産事情に詳しい私たちですので、いいところはお家賃が高い、エリアによってもお家賃はかなり違う、ということは痛いほどわかっていました。売り上げのめども立っていない会社にとって、家賃は大きな固定費です。できるだけ節約したい気持ちになります。ですが、私たちは会社の所在地がイメージを左右することも、不動産業の経験から熟知していました。ですから少々、無理をしても「イケてる」と思ってもらえるエリアにオフィスを構えることを重視したのです。もちろん、経営が軌道に乗るまでは、家賃の負担は苦しいですが商売をして利益を出そうと思うならば、そこは必要な先行投資だと考えて割り切ってください。

私たちの場合、契約の際など、お客様に来ていただく必要があるので所在地だけでなく、アクセス面も含めてオフィスの立地にはこだわりました。とはいえ、自分のオフィスで商談をする必要がない業種の場合は、自宅兼事務所としてのスタートでも問題ありません。

また、アトリエ的な広い作業スペースを必要とする仕事ならば豊かな自然に囲まれた場所を選ぶ、という戦略もアリだと思います。

どんなビジネスをするのか？　によって、所在地にふさわしいエリアも変わってきますし、仕事の内容によって対外的なイメージも変わってくるので、「もっともよいイメージを与えられる」所在地をよ～く考えてくださいね。

さらに、今の時代、ホームページも会社の「顔」になります。

私たちは物件の紹介やお申し込み、お問い合わせの窓口機能もホームページに持たせることにしたので、ここは、ケチらずにお金をかけることにしました。

オシャレでかわいいシェアハウスを扱うのにホームページがいまいちだったら、せっかく見てくれた人も、がっかりしてしまうと思うのです。また、操作性が悪かったりしてもいけませんので、メンテナンスも含めてしっかりとケアする必要がありました。

とはいえ、ホームページのオシャレ度が行きすぎて「なんだか、遠い世界のようだ」と誤解されてしまってもいけません。リアリティがあって、それでいてセンスのよさを追求することは、会社のイメージ戦略上、とても大切だと思います。

会社のイメージ、そしてブランディングは「こういうふうになりたい」という、目的地を意識するとよいと思います。起業したてのころは、実際のところたいした利益も上がっていません。

儲かってもいないのに、こんな立派なホームページを作っていいのだろうかと、控えめな性格の人は思ってしまうかもしれません。けれども、そんな心配はご無用です。一日も早く、ホームページで表現しているイメージどおりの経営ができるようにすればいいのですから！

会社の見た目を整えるのは、ガールズが得意とするメイクと同じようなものだと思います。自分の顔のパーツのよいところを引き立てて、より、魅力的な「わたし」をメイクによって演出すればいいのです。感覚的には「つけまつげ」程度ならアリだと思っています。きれいにメイクした「わたし」にがっかりされないように、内面、つまりビジネス内容を磨いていく。すると、素敵なお客様がきてくれて、会社の経営がどんどん軌道に乗っていく。そんなイメージをしてくださいね！

しっかりポイント

イメージ戦略、ブランディングで演出を

経営を軌道に乗せるためにも「その他大勢」に埋没しない工夫が必要です。立ち上げ時期は、ちょっと大げさ、ちょっと盛ってる？くらいがちょうどいい。ガンガン盛りましょ！

Part2 13

会社登記は自分でする？それとも専門家に外注する？

会社を設立する時、「商業・法人登記申請」という手続きが必要となります。この手続きは、司法書士、行政書士に依頼して代行してもらうほか、自分で手続きをする、という方法もあります。

いずれの場合も登記にかかる印紙代などの実費は発生しますが、自分で登記をすれば専門家にお支払いする報酬を節約することができます。私たちは、初期費用も抑えられるし、勉強にもなるからと、自分たちで登記することにしました。

登記の手続きはさほど難しくはありません。自分で法人登記を行う方法について詳しく書いてある専門書を1冊買って熟読し、所定の書類のフォーマットを入手すれば、誰でもできる。しかし！　とーっても時間と手間がかかるのです。

自分の手で会社を設立した経験によって、たくさんのことを勉強できましたし、会社への愛着も「苦労して生んだ会社」なわけですから、ひとしおです。

でも、私はまったく気づかなかったのです。

登記にかかわっている間、何一つ、利益を生んでいなかった、ということに。

そう。私は登記に一生懸命になるあまり、煩雑な書類を作成し、やり遂げた達成感にすっかり満足していたのです。ほとんど、登記にかかりっぱなしで、営業をする時間的余裕も精神的余裕もなかった。けれど、達成感に酔いしれてしまい、しばらく、その事実に気付かなかったのです。

この経験から、自戒を込めての私の結論。

達成感に酔いしれやすい人は、会社の登記は費用を払って専門家に依頼しましょう。

専門家にすっかりお任せして、あいさつ回りに行くなり、営業を始めるなり、早々に新しいビジネスに着手するほうが得策です。

なぜなら、達成感に酔い、「なんだか、社長としての仕事をしたような気がする」と勘違いしている間にも、月日は流れ、家賃は日割りで発生しているのですから！

もちろん、「登記は登記。社長としての利益を生む仕事ではない」と、自分をしっかり律することができるならば、自分の手で登記をすることをおススメします。勉強になることはたくさんあるし、すてきな経験ができるかもしれないから。

うっかり「働いた！」と勘違いして、泡を食った私ですが、経営を軌道に乗せることができた今は、それもいい思い出だと思えるようになりました。そして、今でも、登記の手続きで訪れた公証役場のおじさんの一言を思い出します。

「年間に100社設立したとしても、1年後に残っているのは2～3社です。あなたたちの会社が、その2～3社になれるように頑張ってくださいね」

恥ずかしながら、この日まで「1年後に残っている会社は2～3社」という現実を知りませんでした。しかも、「公証役場のおじさん」と思ったその人は、公証人という肩書の人で、実務経験を持つ法律実務家の中から法務大臣が任命する公務員であるということも知りませんでした。今考えると、そんなことも知らずに自分で登記できたのが奇蹟のようにも思えてきましたが……。

あのときの公証人の方に再会できたら、

「おかげさまで、1年後に残っている2～3社になれました」って報告したいな、と思うこともあります。

あのとき、会社経営の厳しさを教えてもらわなかったら、起業を甘く見すぎたために、今日まで会社を続けてこられなかったかもしれません。100社中、2～3社しか残れないという現実を知ったからこそ「頑張ろう」という気持ちを持ち続けてこられたからです。

会社を設立するのは、誰にでもできること。

大切なのは、続けること。

だから、私と田原の間には「25年、続けよう」という約束があるのです。

しっかりポイント

損得勘定だけで判断しないこと

目先の経費削減が、結果的にはマイナスになることもあるのが独立・起業の世界。一時的に支出があったとしても、長い目でみたら「得」となる場合もたくさんあります。

Part 2

14

いくつかの約束事【お金編】

私と田原は、共同経営という形で起業しましたが、ガールズ社長だからといって、必ずしも共同経営がベストではありません。私たちは、たまたま前職のライバルとパートナーシップを結ぶことができたから共同経営をしたのであって、退職して独立することを考えていたときは、二人とも「誰かと一緒に起業しよう」と考えていたわけではありませんでした。

自分が起業した経験からも「独立・起業のためにパートナー探しから始める」というのはちょっと違うな、と思います。パートナーと切磋琢磨し、ときに、叱咤激励しながら（私の場合は主に私が叱咤される担当ですが）ビジネスをしていく関係は「仲良し」とか「気が合う」だけでは成り立たないと思うからです。お互いを信頼できることと「仲が良い」を混同してしまうのは、とても危険。そして、そういう相手との出会いは、探したからって見つかるものでもない。合コンに行ったからといって、すてきな彼氏をゲットできるわけではないのと同じなんですよね。

とはいえ、誰かと共同経営としてスタートする、というケースもあることと思います。そんなときのために、私たちが「最初に決めておいてよかったな」と思う約束事についてお話しします。

いちばん大切な約束事は、お金にまつわることです。

お金のことはトラブルになりやすい要素でもあるので、最初にきっちり話し合い、納得のうえで合意しておきましょう。その場で納得せずに、しぶしぶ合意したりすると、後々、トラブルの火種となります。必ず「納得」しましょうね。

お金のことで最初に話し合うべきは、資本金の分担割合です。次に、利益をどう配分するのか、ということでしょう。私たちの場合、資本金は100万円とし、半額ずつ出し合いましたので、利益も折半というわかりやすい取り決めにしました。ほかにも、登記費用やオフィスの賃料などの費用負担が発生するので、こうした費用もひっくるめて、負担した比率で利益を配分する取り決めをしておくと公平感もあり、お互いが納得できると思います。

また、会社の経営には報酬や給与などの人件費、オフィスの家賃以外にも、さまざまな支出が発生します。光熱費や電話代、事務用品や備品など明らかに必要経費と分類できるもののほか、交際費や福利厚生費などケースバイケースで発生し、また、その判断基準があいまいな支出もあります。ですから、ケースバイケースの支出についても、きちんとルールを決めておきましょう。交際費はいくらまでＯＫとするのか。また、どういう場合に交際費として会社が認めるのかといったルールを決めておかないと、後々、もめる原因となるからです。

ちなみに私たちの場合、「社長決裁は５０００円まで」というシンプルなルールに落ち着きました。私がお金の管理が非常に苦手であり、かつ、田原に「危機感がなさすぎる」と心配されるほどの楽天家なので、私に金庫番をさせると大変なことになるからです。もちろん、私も自分の超楽天家ぶりを知っているので、社長のくせにいまどきの高校生のお小遣いのほうが多いのでは？　という金額の決裁権しかないことに異論はないどころか、むしろ、しっかり金庫番をしてくれている田原に感謝しています。

独立・起業をすると、「会社員時代は何も考えずに会社のお金を使っていたんだ」ということに気づかされます。コピーしたりプリントアウトするとインクがなくなることに胸を痛めることもなかったし、新品のクリアファイルを惜しげもなくバンバン使っていたものです。こうしたものも、すべて自分で営業し、売上げを立てたお金から用意しなくてはならない。考えてみたら当たり前のことだけど、自分が経営者になってみて初めて身に染みてわかるようになるものなのですね。

独立・起業をするということは、自分の生活費の心配だけしていればよかった会社員時代とお金に対する意識を変える必要がある、ということでもあります。誰かと共同経営するならもちろんですが、一人で起業する場合にも、お金の使い方を最初にきちんとルール化しておきましょうね。

しっかりポイント

お金のことは最初にクリアにしておく

どんなことでも「お金」のことは最初にすべてクリアにして！　支払いの額、支払期日、支払方法の３点を合意してから、スタートさせることが大切です。

Part 2
15

いくつかの約束事【経営方針編】

共同経営に起こり得る大きな問題として、経営方針をめぐる意見の食い違いや対立が考えられます。

たとえば、一方が事業を拡大したいと考えるようになったけれど、もう一方は現状維持でいいと思っていたとします。経営の根幹にかかわる大きな方向性の違いが起きたら、共同経営は解消したほうがよいと思うのですが、現実的には簡単に「じゃあ、別れましょう」とはいかないものです。

共同経営と結婚は、多くの場合はするときよりも、別れるときのほうが大変なものなのではないか、と思います。ですから、立ち上げた会社をどういうふうに成長させていくか、という将来設計も、共同経営者と話し合い、納得のうえで合意しておくことが大切です。

私たちは、「25年、続けよう」という約束をしました。

そのためには「身の丈に合った経営をする」という約束もしました。

大前提を決めたら、そこから逆算して「その約束を達成するために何が必要か」が見えてきます。すると、細かい方針が決まっていきます。

私たちの会社は私と田原の経営陣以外、正社員はいません。人材はすべてアルバイトという雇用形態です。社員を雇用すると固定の雇用費用がかかります。お給料だけでなく、厚生年金や雇用保険、社会保険などの会社負担分も必要となります。社員には社員の生活がありますから、社員を雇うということはその家族の生活をも私たちの会社にゆだねられていることになります。

社員とその家族の生活までをも保障できるくらいの規模で会社を経営することは、私たちの身の丈には合わない、と思うのです。ですから、事業を拡大することも、この先、ないでしょう。

私たちができる範囲で仕事をして報酬を得て、それで生活をしていく。つまり、「シンプルな経営をしよう」と、二人で約束したのです。

じつは、不動産の仕事は会社登記をしなくても、フリーランスのブローカー的な立場ですることもできます。私たちも最初は「会社にしなくてもいいのかも?」と思ったのですが、小規模な仕事とはいえ法人名義の銀行口座が必要だったりしたので法人化した、という事情もありました。

会社の規模についての約束ができたら、今度は「仕事内容」について話し合いました。不動産の仕事は多岐にわたりますので、手を広げようと思えばいくらでも広がっていく。その一方で、立ち上げたばかりの会社の分際で、仕事を選ぶこともなかなかできません。売上げを立てるために、「なんでもやります」という姿勢も大切ですし、最初の依頼を断ったがために、以後、依頼がなくなることも考えられます。私たちと会社が、信用を得るまでは仕事を選べる身分ではないから。

そこで、私たちは「親に言えないような仕事はしない」という約束をしたのでした。

「そんなあいまいなルールでいいの？」

と思うかもしれませんが、あいまいでも、人間性の根幹に触れるルールですので、「いいルールを作っておいてよかったな」と思います。

どんなに報酬が魅力的な仕事であっても、

「これは、親には言えないよね」

「そうだね。言えないね」

という非常にシンプルな判断基準でジャッジできるからです！

しかも、「自分たちがどう思うか」ではなく「親がどう思うか」が判断基準になりますから、自分の感情は二の次で考えられます。「親の視点」に立つと、世間の常識や判断基準に近くなりますから、「親」を基準に考えると、大きく道を踏み外さずにいられるのです。

「親に言えない仕事はしない」

というルールは、すべてのガールズ社長におススメです！

ちゃっかりポイント

どういう風になりたいかは具体的に

目標や夢を語る分にはタダですから、独立や起業後に「どんなふうになりたいか」をとことん語りましょう。大風呂敷を広げても、ちゃんと畳むことができれば結果オーライ！

Part2
16
自分の性格を熟知しておこう

私は「自分の性格を客観的に分析しているよね」と、友達などに言われることが多いのですが、これ、じつは前の旦那さんのおかげなのです。

結婚していた頃、元旦那さんは『金持ち父さん、貧乏父さん』(ロバート・キヨサキ著・筑摩書房)という本に魅せられ、載っていた自己分析を私に教えてくれました。リビングの壁に模造紙を張って、十字に区切ったマトリックスの表を作り、これで自分の性格を分析しなさいと、彼は私にポストイットを手渡してきました。

今考えると変わった夫婦ですが、若かりし日の私は不思議に思うこともなく、占いや心理テストくらいの気軽な気持ちで「おもしろそう」と素直に実践しました。この模造紙、半年ぐらいわが家のリビングに張られていたのですが、おかげで私は気づいていなかった自分の性格を「なるほどな～」と客観的に知ることができたのです。

自分の短所や苦手なことをはっきり自覚できたことが、今、経営者として役立っていると思います。

例えば、私は「長期的に物事を考えることが苦手」。ゆえに、計画的に物事を進めることもできず、夏休みの宿題を8月31日はおろか、9月になってもやっているタイプ。こういう性格は大人になっても変わりませんから、仕事においても期日ギリギリに着手し、「間に合わない！」と焦る。なんとか仕上げてギリギリ間に合って「よかった」とホッとする。そして、懲りずにまた、「間に合わない」と焦る、ということをひたすら繰り返してしまうのです。

夏休みの宿題ならともかく、仕事、とくに経営者として、この性格的な傾向ははっきりいって致命的だと思います。

経営者になれば、売上げの管理もしなくてはいけません。つまり、ある程度、長期的な視点で収支を考えていかなくてはならない。「宵越しの金は持たねえ」なんて江戸っ子みたいな態度では経営は成り立たないのです。

仕事も信用第一。しかも、この信用を培うのは、期日や約束を「守る」という姿勢だったりしますから、いつも、ギリギリで焦っていては信用されるわけがありません。「なんで、もっと早くから準備ができないのだろう？」と疑問に思われ、会社の業績や業務内容ではなく、そういう経営者の姿勢に疑問を持たれることでしょう。

では、どうすればいいのか？

私の場合は、田原というビジネスパートナーがいてくれて、彼女がこうした私のダメな部分をフォローしてくれています。私自身も、自分が「ダメだ」とわかっているので、彼女のフォローをありがたく思うし、できるだけ、田原に迷惑をかけないようにという気持ちにもなって多少は計画的に行動しよう、ギリギリはやめよう、というふうに思って行動できる。それによって、「ダメ」な部分が多少は「マシ」になってきます。アルバイトの人たちに仕事をお願いするときも、私自身の基準は、一般的には「ギリギリである」という認識があるので、意識的にそうならないように、と考えることができるのです。

もちろん、ダメな部分があれば「いい面」もあります。超がつくほどの楽天家気質のおかげで、我ながら打たれ強いと思う。すぐに気持ちを切り替えられるので、状況に応じた臨機応変な対応ができます。経営者には、石橋を叩くときと、叩かずに渡るときを見極める判断力が必要だと思うのですが、こういうチャンスを瞬時に見極め、パッとつかむことが得意だと自負できるので、「この点は自信を持ってよし！」と自分を信じられるようにもなりました。

自分を知ることは、苦手な状況の対処の方法を考えるきっかけにもなります。

たとえば、私はパッと見はものすごく社交的に見えるらしいのですが、じつは、そんなに人づきあいが得意ではないのです。知らない人がたくさん集まるようなパーティーや会合が苦手ですが、そういうときは「お仕事スイッチ」を入れて「ガールズ社長モード」になれば大丈夫、という対処法も性格分析のおかげで理解できたことの一つです。

苦手なこと、うまくできないことは誰にでもあると思います。でも、何が苦手かを知っておけば、ある程度はカバーできるし、そもそも苦手とわかっているので「うまくやろう」として空回りして、失敗して落ち込むことも防げるのです！

ちゃっかりポイント

できないことを無理してやらない

苦手なことを無理にやろうとしても、いつか破たんしてしまうもの。最初から自分の得手不得手を知っておけば、苦手なことをやるストレスからも解放されますよ。

Part2
17

仕事、恋愛、友情とビジネスパートナーを混同しない

世の中には、夫婦や家族、友達同士で共同事業、共同経営をしている人たちがたくさんいます。私自身も田原というビジネスパートナーと巡り合えたおかげで、起業して会社を続けていくことができました。人と人が協力し合って仕事をしていくことで、さまざまなメリットがあるなあ、と実感しています。

けれど、ビジネスにおけるパートナーシップは、必ずしも、夫婦や家族、友達という人間関係とイコールではない、と思うのです。夫婦、家族、友達という人間関係の中でも、ビジネスをうまくやっていけるとは限らない。

親しい関係には、「甘え」が出やすくなります。

「夫婦なんだから、言わなくてもわかってくれるはず」

「家族なんだから、このくらいのことは理解してくれるだろう」

「友達なんだから、こちらの事情もわかってくれるだろう」

そんな気持ちになったことは、誰もがあると思います。でも、仕事の取引先や上司、同僚には「言わなくてもわかってくれるだろう」などという思いは、普通は抱かないものです。仕事はあくまでも仕事ですし、同じ仕事をしている以上、家族であろうと夫婦であろうと、友達であろうと、対外的に果たさなくてはならない責任に違いはありません。そのあたりの線引きをきちんとできずに、自分の都合で個人的な関係を持ち出すようでは、ビジネスを続けることはできないと思うのです。

夫婦や家族、友達同士でビジネスを成立させている人たちは、ビジネスパートナーとしても理解し合えてうまくやっていける素質のある人同士の関係なのだと思います。公私の区別をお互いにきっちりとつけることができ、個人的な関係性と仕事上の関係を混同することがないから、うまくやっていける。けれど、公私の顔をうまく使い分けるのは簡単なことではありません。

私と田原はとても不思議な関係だと思います。

もともとライバルだったこともあるのでしょうが、起業して5年が経った今も、私は田原について知らないことがたくさんあるし、「友達」というのはしっくりこない。でも、田原のことは家族以上に信頼しているのです。

ライバルだったときも、私は彼女の仕事の能力に敬意を抱いていました。つまり、彼女の能力を信頼していたわけです。その思いは今も変わりませんから、ビジネスパートナーとなった今も信頼し続けていられるのでしょう。

一緒に仕事をしていくには、相手の仕事の能力や姿勢を信じ、敬意を持てるかどうかが大切です。

「友達ならばいいけれど、仕事をするのはちょっと……」

という相手とは、ビジネスはできない。だけど、ガールズは時々、勘違いしてしまうのです。

「友達なんだから、こんなに気が合うんだから、うまくやっていけるはず！」と。

夫婦や友達同士で共同で事業を始めて、夫婦関係や友情が壊れるケースも少なくありません。ビジネスパーソンとしての能力や考え方のギャップが、こんな人だと思わなかったと、夫婦関係や友情にも影響してしまうからでしょう。

夫婦や友達、家族での経営がうまくいっている会社もたくさんありますが、それは誰にでも当てはまることではありません。私は基本的に1つの関係に、2つ以上の「役割」を持たせないほうがいいと思うのです。友達なら友達。夫婦なら夫婦。家族なら家族。ビジネスはビジネス。そう考えた方がシンプルでわかりやすい。とくに、恋人にいろいろと求めてしまう「重め」ガールズは、すべての関係において「多機能を求めない」と意識することをおススメします。というのも、じつは、私も「重め」ガールズの一人だから。とくに恋愛関係に「重め」傾向が出てしまうと、

「君にはもっと、ふさわしい人がいるよ」

という、定番の別れのフレーズを聞く羽目になりかねませんからね！

しっかりポイント

1人の人に多機能を求めすぎない

1人の人に複数の役割を求めると関係が破たんする原因に。友達なら友達、仕事仲間は仕事仲間。きちんと線引きすることがよい人間関係を続けていくポイントなのです。

Part 2

18

起業時に「いつまでに、いくらの利益を出すか」を想定しておこう

法人登記できる段階になると、オフィスの家賃も決まり、会社の運営にどのくらいの費用がかかるのかを計算することができるようになります。このころに一度、会社を維持するのに月々いくら必要なのか、そこに人件費を足すと、最低でも月にどのくらいの収入が必要なのか、をシミュレーションしましょう。

というのも、私たちは、私の類いまれな楽天家気質のせいで、このシミュレーションをせずにいたため、起業3カ月目にして、「このままでは会社をたたむしかないのでは？」という状況に陥ったのです。

登記した達成感に酔いしれ、「仕事した！」と勘違いしていたうえに、「いつまでに、いくらの収入が必要だ」ということすら、私はよく把握していませんでした。「このままではヤバい」ということに気づいてから、根性で売り上げて収入を得たわけですが、あのときは、本当に焦りました。つまり、これも私自身の反省を踏まえた結果論です。ぜひ、参

考にしてくださいね。

このシミュレーションをするとき、「独立・起業後、半年で生活していけるようになる」ことを目安にするとよいと思います。さまざまなジャンルで独立・起業した人たちが口をそろえる「タイムリミット」が「半年」です。半年後にこの事業で生活をしていけないのならば「はっきり言って適性がない」ということ。つまり、残念ですが、すっぱりと諦めたほうがいいのです。

けれど、人の心の常として「もう少し、頑張ればなんとかなるのではないか」という思いにとらわれてしまうものです。もし、収支がプラスマイナスゼロの状態であれば、維持していきつつプラスを出す努力もできますが、マイナスがかさむようになると、マイナスをゼロに戻すだけでも大変、という状況に陥ります。そして、マイナスがある状況から事業を立て直すのは並大抵の努力では難しいと思います。ましてや、起業したてのほやほやの会社は、実績や信用が十分ではありません。厳しい言い方をすれば、そもそも事業として成立していないのです。

起業から半年後に食べていけるようになるためには、日々、現金収入がある事業なら別ですが、そうでない場合は起業から3カ月後には請求書を発行できる売上げが立っていることが必要です。なぜなら、請求書を発行してから実際に収入となるまで、取引先の締め日や経理処理の関係で1カ月から3カ月くらいの時間がかかることが少なくないからです。

起業3カ月後には、売上げが立っていて入金の目途を立てるには、起業1カ月目には何らかの仕事を受注していることが求められます。どんな事業をするかにもよりますが、起業前からある程度、営業活動をしておき、起業のあいさつ回りと同時に何らかのお仕事をいただくことを目標にしておくとよいでしょう。

と、偉そうに言っていますが、東京ガールズ不動産は、この手のことをまったくしていませんでした。それなのに、今まで続けてこられたのは「ヤバい！」と思ったときに根性で売上げを立てることができたから。我ながら「運がよかった」と思いますが、運にまかせてばかりもいられません。神様だって、そんなに頻繁に味方してくれるはずがありませんから。

でも、神経質に考えすぎると胃に穴があいてしまいます。だから、起業から3カ月目までに売上げを立てること。半年目に、その事業で食べられるようになること。起業後はこの2つを目標にして、その達成のためにひたすらまい進するのがよいと思います。そして、親に言えないような仕事以外は「いただけるなら頑張ります」とありがたく受け、「こんな仕事はしたくない」とか「こういう仕事がやりたい」などと考えずに、すべて全力投球しましょうね。

仕事には、いろいろなタイプがあります。

お金になるけれど、楽しくない仕事。

楽しいけれど、お金にならない仕事。

報酬はいいけれど、実績にならないもの。

実績になるけれど、報酬は少ないもの、などなど。

そのいずれもが、起業したてのガールズ社長には「ありがたい」ものなのです！

うっかりポイント

売り上げ目標はちゃんと立てよう

自分の会社を維持するのに、どのくらいのお金が必要なのかをわからずにいた私を反面教師にしていただき、みなさまは、売上げ目標をきちんと考えてくださいね。

Part 3

会社はできた！
Let's 経営！

Part 3
19

起業のあいさつ回りは「かさのあるお菓子」を持参して

会社ができて、名刺も刷り上がったら、まずは「あいさつ回り」です。ありとあらゆる、お世話になった方、起業の際にお世話になった方、そしてこれからお世話になる方、お世話していただきたい方に、とにかく「起業いたしました。これからもよろしくお願いいたします」とごあいさつに伺います。もちろん、アポイントはしっかり取りましょうね。

この「あいさつ回り」は営業の一種でもあります。

「じゃ、ご祝儀代わりに仕事を発注するよ」

なんていう、粋な計らいをしてもらえるケースもあります。というか、新米社長にとっては、正直、そのお言葉を頂戴することが狙いです！

どんな業界もそうだと思うのですが、独立や起業をしたばかりの新米に、先輩方は非常に優しい。起業したてのほやほやのガールズ社長は、いきなりライバル視される心配もありません（しかし、起業後数年経って、こちらがそれなりに業績を伸ばしてくると、その限りではありませんが）。

独立や起業したてのほやほや、というこの時期は、業界の先輩方の懐にすっぽりと入り込んで、後々、仕事を振ってもらったり、困ったときの相談に乗ってもらったりする関係性を築くための種まき期間でもあります。この時期、懐に入り損ねると、後々、苦戦することになりかねませんので、すっぽりと入り込んでおきましょう。

このあいさつ回りの成功のカギを握るのは、ずばり、「かさのあるお菓子」です！

ガールズ社長の常として、つい、うっかり「流行のスイーツ」を選んでしまいがちです。おしゃれなスイーツを知っているわたし、気の利いた贈り物ができるわたし、にうっとりしてしまう。それに、自分が「もらう」立場だったら、おしゃれな流行のスイーツがいいもの、と自分目線になってしまいがち。

しか〜し！　たいていの人生の先輩方にガールズ感覚の「おしゃれ」「気が利いている」は通用しません！

少ししか入ってないけど、マカロンはけっこう高級品だし♪、大丈夫よね、なんて思って選んでも、

「なんだか、ちまちまとしてるし、少ししかないし。これじゃあ、社員全員に行きわたらないよなあ」

と思われる可能性が極めて高い。有名なお店のものだとしても、安心はできません。オシャレなフランス語などで書かれた包装紙でブランド感をアピールできるかといえば、それもNO。「店の名前もよくわからないし……」で、終了するかもしれない。「なんだか不可解なお菓子を、ほんのちょっぴり持参してきた」ということだけで、好感度を落としてしまう可能性すらある。

なので、もう、オシャレにこだわる必要はなし！　かさがあって、それなりの個数が入っていて、みんなで分けられるものを、手土産選びの基準にしましょう。

起業したてのガールズ社長にとって手土産代も痛い出費です。オシャレにこだわっていたら、手土産の予算だけでもけっこうな金額になってしまいます。だから、値段ではなく、立派なかさのある手土産を持っていけばよいのです。

私は、起業のごあいさつの手土産は、「気持ち」なのだと思うのです。起業したばかりで、まだ利益も出していない会社の社長が高級な手土産を持っていくほうが不自然。手土産の内容を問われるような「ごあいさつ」ではないのです。

私たちが小学生ぐらいのころに、親戚などからもらっていた手土産のお菓子、ああいう感覚がよいと思います。箱も立派、それなりの個数が入っていて、「わーい！」とうれしく思った、あの頃の感覚を思い出してあいさつ回り用の手土産を選んでくださいね。

とはいえ、もしも、「ご紹介いただいた仕事で儲けさせてもらった」というようなときは、それなりの金額の手土産をちゃんと持っていきましょう。

ただし、「わかりやすさ」は忘れてはいけません。人生の先輩たちにはオーソドックスではありますが、「虎屋の羊羹」のようなブランド力、ずっしり感が好まれる、ということも覚えておいてくださいね。

ちゃっかりポイント

手土産は費用対効果で選ぼう

ビジネス上の贈答は真心よりも費用対効果を重視して選んだほうが、喜ばれます。かさがある、みんなに配れる、全員に行きわたることを重視し、チョイスしましょう！

Part 3
20
最初はとにかく「顔」を売る

すでにお話ししたように、私はこう見えても、じつは人見知りです。知らない人がたくさんいるパーティや会合は大の苦手。でも、ガールズ社長となったら「わたし、人見知りなの」などと言っている場合ではありません。

可能な限り、いろいろな会合やパーティに出席し、とにかく「顔」を売りまくることが必要になるからです。名刺交換をして、その先にどんなご縁があるかはわかりません。でも、人の心理として、パーティや会合、異業種交流会などで一度、会ったことのある人ならば、ビジネスの話で二度目のアポイントを取りやすくなるものです。それに、不動産会社と知り合うことに魅力を感じてくれる方は、業種や年齢を問わず、たくさんいらっしゃいますので、起業したての頃は、本当にいろいろなところに顔を出しまくりました。

パーティや会合、異業種交流会などで「顔を売ろう」と思うならば、それなりの作戦も必要となります。とにかく、ほとんどの人が初対面同士、という状況ですからできるだけ印象に残るように工夫をしなくてはなりません。

まず、名刺と顔が一致しなくてはなりません。

翌日、昨晩のパーティの名刺を整理したときに、「あれ？　この方はどんな方だったたっけ？」となってしまうことのないように、名刺と顔が一致するように工夫することが必要です。そのためには、名刺はインパクトのあるものにしておくことが欠かせません。社名はどーんと大きく書いて、「最近、見えにくくなってきて」というシニアの方々にも親切な文字の大きさを心がけましょう。パーティの席でリーディンググラスをいちいち出して名刺を読んだりしませんからね。読みやすい文字の大きさがわからないときは、親世代の人に見てもらいましょう。

見る人の視力の具合に優しい名刺を用意したら、自分自身が名刺とイコールとなって相手に印象づけられるよう服や髪形を演出しましょう。ダークスーツが中心の男性陣に埋もれてしまわないように、明るい色の服を着ていくのは基本の「き」です。男性のほうが体が大きいので、黒や紺、グレーの服ではその中に埋もれてしまいます。

スタイリッシュだからと気に入っている黒のパンツスーツの、こだわりのラインなど大勢の人が集まる場ではまったく目立たないことも覚えておきましょうね。

身長が高い、といった身体的な特徴がある人はこういうときに有利です。ヒールを履いて思いっきり長身ぶりをアピールしましょう。

そして、名刺交換をした方々には、後日、メールやはがきをお送りします。メールならば、遅くとも3日後くらいまでには送ります。文面には、その方とお目にかかったときに話した内容をさりげなく盛り込みます。いかにも、「名刺交換をしたみなさまに、同じものを送っています」という雰囲気が丸出しの定型文メールでは、印象に残らないどころか、手抜き感すら与えてしまいます。

なぜなら、こうした会合やパーティなどで人と会った後は、ごあいさつメールが殺到するからです。ほとんどの方が「昨日はありがとうございました」的なメールをやりとりしています。ですから、定型文メールでは意味がない。そこで、「昨日のパーティではありがとうございました。○○さんからお伺いした、××のお話、大変、興味深く、帰宅してからインターネットで調べました」というような要素を盛り込むのです。

もし、メールを送るタイミングを逸してしまったら、はがきを出しましょう。はがきをもらうのはメール全盛のこの時代、案外うれしいものです。

こうして、初対面のときの印象を残しておくと、後々に「ああ、あの時の」と思いだしてもらえるようになります。それが、意外なところで活きてくることも少なくありません。

いろいろな場所に、顔を出すだけでは、何の実りもありません。

顔を出し、自分の印象を残し、名前と顔を一致して覚えてもらえて初めて「顔を売る」ことができるのです。

しっかりポイント

「顔を売る」ことに目的を絞る

自分と自分の仕事を知ってもらえないことには、仕事はやってきません。最初は「顔を売る」ことを第一目的に。顔と名前を一致させ、相手の記憶に残せたら目標達成です。

Part 3

21

おじさまたちはみんな「お父さん」だと思おう

「でも、おじさまたちとのおつき合いって、ちょっと苦手」

と思うガールズも多いことでしょう。確かに、おじさまたちとの会話やおつき合いは、難しいことがたくさんあるな、と私も思います。紳士的にビジネスのお話ができる方も、もちろん、たくさんいらっしゃいますが、なかには、口説いているのかしら？　みたいな御仁もいたりする。お酒の席では、スナックやキャバクラと勘違いしているのですか？と言いたくなるような態度で女性参加者との会話を希望されるような男性もいます。私より少し年上の女性が、

「景気が悪くなって、スナックやキャバクラみたいなお店に行かれなくなってしまったし、コンパニオンを呼ぶような集まりも減ってきてるから、参加者をコンパニオン扱いするおじさまが増えてきたんじゃないかしら？」

と言っていたのですが、世相を反映しているのでしょうか。確かに、そういうおじさま

がいることも否めません。

ガールズ社長である以上、この手のおじさまに対して、いちいち「それは、セクハラ発言ですよ！」などと文句を言うわけにもいきません。肘鉄を食らわされた腹いせに、「あの女はわかってない」などと、吹聴されても困るからです。

なので、最初から「おじさまたちは、みんな、お父さんだ」と思ってしまいましょう！

そして、なんだか雲行きが怪しくなってきたら、

「○○さんは、私の父と同世代なんですね」

とか、

「○○さんって、私の父と雰囲気が似ているんですよ。もちろん、うちの父のほうが年はだいぶ上なんですけど。父が若かったころと似てるなって思って」

などと言い、下心モードから、お父さんモードに切り替えてさし上げるのです。

下心モードはないけれど、やけに説教くさかったり、過去のお手柄話を延々とするおじさまもいらっしゃいます。そういうおじさまたちに対しては、お父さんなんだ、この人もと思うと、広い心で受け止めることができます。下心モードで接してくるおじさまに比べれば、おしゃべりなおじさまは可愛いものです。ひとしきり拝聴してから、「すみません。

ちょっと、電話をかけてきますね」と言ってスッと逃げればＯＫ。戻った頃には、そのおじさまは、また、別の人を相手にしゃべりまくっていることでしょう。

いちばんやっかいなのが、初対面のときは下心を出さずにいて、後日、「仕事のことでご相談がある」などといって食事に誘ってくるタイプです。具体的なビジネスの概要が決まっている場合は、仕事となる可能性がありますが、

「新井さんと何かビジネスがご一緒できるかもしれません。お食事しながらお話ししましょう」

というような表現をしてくるケースは、赤信号です。

こういう話がちゃんとした仕事になるケースはほとんどありませんし、こんなふうに近づいてくるやからはロクなものじゃありません。１００％下心です。なので、

「今、とてもスケジュールが立て込んでいてすみません。余裕ができたら、あらためてご連絡しますね」

とすっぱりお断りしましょう。

独立や起業したばかりのころは、こういうお話も「仕事になるのではないか」と期待してしまいがちです。

けれど、この手の「何かご一緒できるかもしれません」というあいまいなオファーから、ちゃんとした仕事になるケースは皆無と言っていい。それは、今までに独立・起業を果たした女性たち同士で話していると「あるある、あるある！」と盛り上がるくらいの、共通見解です。

くれぐれも、用心しましょうね！

ちゃっかりポイント

自分のメリットだけを考えよう

おじさまにとって「若い女性とお話しする」こと、それ自体がメリットです。相手にすでにメリットを与えているわけですから、こちらのメリットもちゃっかりいただきましょ！

Part3
22
女社長の「得」と「損」

自分がガールズ社長になった実体験からも、女社長には「得」な部分と「損」な部分がある、と思います。

仕事をしている女性なら、誰もが実感していることだと思いますが、男女雇用機会均等法が施行されて、建前上は「男女平等」になっていますが、今でも、仕事の場において性別による差別的な意識が残っているなあ、と感じる瞬間がありますよね。

私の起業のケースで言えば、例えば、「パトロンがいるんでしょ?」と聞かれたり。ある時は、「新井さんは、カラダで仕事を取っているんじゃないの?」と言われたことすら、ありました。取ってませんよ~。

もしも、私が男だったら、こんなことを言われることはないでしょう。「新井は女を武器に商売をしている」と思い込んでいる人から、「女だから得だよね」と嫌味を言われたことも一度や二度ではありません。ガールズ社長になりたての頃の私はこういうときに、いちいち、カッとなっていたものです。

最近では、そうはいっても、女だから得をしている部分もあるしと、客観的に思えるようになりました。起業したてのボーイズ社長だったら、紹介してもらえないような人との会合に、「ガールズ社長枠」として招いてもらえたり、「女二人で経営している不動産会社」ということで、雑誌やテレビで取り上げていただけたりと、「女であること」がプラスに働くことも少なくないからです。

女を武器にしている、と陰口を言われたり、誘われたり、口説かれたりといった、ネガティブな面にだけ注目してしまうと「どうして、こんな目に遭うの？」と泣きたくなりますが、女だからこそ「ラッキー♪」な出来事も多いことも考えたら、「プラスマイナスして、プラスかな」と感じます。

コミュニケーションスキルがあれば、「損」な出来事も上手に乗り越えていけるものです。私は人づきあいがあまり得意ではないのですが、その点は田原がとても上手なので、見習うことがたくさんありました。

田原はおじさまたちにも、遠慮をせずに堂々と言いたいことをきっぱり言います。彼女は不動産会社で働く前にグランド・ホステスをしていたので、言葉遣いやマナーもとてもエレガント。だから、おじさまたちに不快感を与えることなく接することができる。そして、おじさまたちも田原と話しているうちに、彼女が芯のしっかりした女性であることがわかると「女だから」という意識を持たずに人として、経営者として、接してくれるようになるのです。

「女だから」「女のくせに」と思われるのは、言葉遣いが稚拙だったり、態度が生意気だったり、意見をしっかり持っていないからなのではないでしょうか。大人としてきちんとした対応ができれば、年齢や性別を超えて一人の人間として接してもらえるのだ、ということを私自身も学びました。

また、自分の都合のよいときだけ「女であること」を主張することも「女社長」の「損」を引き寄せる原因となります。男も女も関係ない、一人の社長、一人の人間、というスタンスでいると、次第に人としての信頼を得ることができるようになり、結果的に女だからこその「得」を引き寄せられる、ということもガールズ社長が押さえておきたいポイントでしょう。

そして、女であったからこそもたらされた「得」を手にしている以上、「損」な部分はある程度は引き受けなくてはならない、と腹をくくることも大切。

「女のくせに目立ちやがって」と言われたら腹が立つけど、「女だからテレビ番組で紹介された」のは事実だと思うから。そして、テレビで紹介されたことも、私たちの会社の発展につながっているのですから。

とはいえ、しつこいお誘いやセクハラまがいの言葉を我慢する必要はありません。そんなときは、やんわり上手にお断りできるように、コミュニケーション能力を磨いておきましょうね。

ちゃっかりポイント

女であることの「得」にフォーカスしよう

ビジネスの世界では「女だから得をする」ことがたくさん。「損」な部分は、「得」を手にする以上、仕方ない。「得」を手にしたほうが有利だわ、と割り切りましょうね。

Part 3

23

忙しさと利益は「比例」しない

私が会社登記を自分でしたことで達成感を味わってしまい、利益を生む活動を何もしていなかったことに気づかなかった、という苦い経験をお話ししましたが……。「顔を売る」ための活動も利益を生む行動ではありません。せっせと会合やパーティーに顔を出すと、それはそれは忙しくなってきます。スケジュールは予定でいっぱい。手帳を眺めている限りでは「なんだか、あたしって、すごく多忙」に見えます。でも、その忙しさは決して利益にはつながっていないのだ、ということを常に頭の片隅に置いておきましょうね。

あいさつ回りも然りです。起業したばかりの頃は、こうした活動は不可欠ですし、後々のためにもとても重要なことです。しかし、利益を上げなければ会社は経営できません。けれど、起業した、ということで胸がいっぱいになっていて、スケジュールもそれなりに埋まっていると「仕事をしている！」と勘違いしたり、「社長って感じ！」とうっとりしてしまったりするのです。

しかし、社長には、勘違いやうっとりしている暇はありません！

起業する前の私は、精密機器メーカーと不動産会社の会社員でした。

会社員時代は、会合や打ち合わせに出かけても、それはすべて「業務」であり、お給料がもらえました。利益を生まない活動をしていても、会社からは給料が振り込まれるわけですから、「この活動が利益を生むのか否か」ということをいちいち考えることもありませんでした。

でも、社長となった瞬間から、その感覚を改めなくてはなりません！

立ち上げたばかりの小さな会社は、営業をするのも社長ならば、利益を生むための作業をするのも社長の仕事です。さらに、経理処理をしたり、備品の購入をしたり、名刺の発注をしたり、請求書を作成したりと、すべての仕事が社長の仕事です。大手企業ならば、部署があって、完全に分業されていますから、管理部門の経験がなければそうした細かい仕事がどのぐらい手間のかかることなのか、時間のかかることなのかをわかっていないことも少なくありません。

ところが、会社を運営するにあたって必要な作業の多くが、「直接的には利益を生まない作業」なのです。ですから社長が、この「利益を生まない作業」に忙殺され「なんだか、私ってすごく忙しいわ」と勘違いするわけにはいかないのです。

必要なのは、日々の「忙しさ」の正体をしっかりと分析する習慣です。

「これは、利益を生む活動だ」

「これは、直接的には利益につながらない活動だ」

と、一つひとつ意識してください。そして、利益を生まない活動や作業はできるだけ効率化していきましょう。

社長になると、不得意な仕事を代わってくれる人、教えてくれる人もいなくなります。すべて自分でやるしかないのです。幸いなことに私と田原はお互いの得意、不得意がバランスよく分散しているので、私の苦手な金庫番も、田原がしっかり担当してくれています。

そういうふうに得手不得手を分かち合えるパートナーに恵まれればよいのですが、そうでない場合は、得手不得手や経験の有無に関係なく、すべて自分でやらなくてはなりません。

利益を上げることができれば、パートでもアルバイトでも正社員でも雇えるようになるし、会計業務などは外注することもできます。でも、会社を軌道に乗せるまでは、何もかも自分たちの手でやらなくてはならないのです。

会社員時代は、ちょっとパソコンの調子が悪くなっても、誰か詳しい人がいて、ちょっと聞けばたちまち解決することができます。でも、独立・起業をするということは、会社員時代のように「ちょっと教えてもらえる？」と、気軽に聞ける相手がいなくなることでもあるのです。

会社員をしていた頃に「当たり前」だと思っていたことが、どれだけありがたいことだったのか、を私は起業してから初めて知りました。

ガールズ社長5年目を過ぎた今、もう、会社員にはなれないなあと思う一方で、ときどき、恵まれていた会社員の立場を懐かしく思うこともあったりします。

ホント、会社ってありがたい存在ですよね。

しっかりポイント

忙しさの「内容」を意識する

独立・起業をすると「この忙しさの内容はいったい、何なのだろう？」と、日々、意識することが大切になってきます。コスト意識を持ってスケジュールを管理しましょう！

Part 3

24

共同経営には「腹を割って話す」のが大切

起業してから初めて迎えたお正月のことでした。

私たちは、新年、最初の東京ガールズ不動産の会議を開きました。超ポジティブ、超楽天家の私は、「新しい年、ますます、頑張っていこうね！」というミーティングをするのだとばかり思っていたのですが……。

そのとき、私に突きつけられたのは、「今年3月の時点で入金がなかったら、この会社は廃業したほうがいい」という事実でした。

お正月の時点で起業から3カ月ほどが経過していました。そして、その時点での売上げは、あるパーティをプロデュースしたことで得た利益、という状況でした。不動産会社なのに「なんでもやります」と営業して舞い込んできた仕事が、その、パーティプロデュースの案件だったのです。畑違いではあるけれど、取りあえず、売り上げができたと喜んでいたのですが、田原と、その当時、東京ガールズ不動産で一緒に働くことを検討していた

もう一人が口をそろえて、

「このままでは、ダメ。会社をつぶすしかない」

と言うのです。私は、

「でも、パーティのお金が入金になるでしょ？」

と反論したのですが、

「入ってきたといっても、すずめの涙よ」

田原から、冷静な言葉が返ってきたのでした。

「社長がそんな考えだったら経営なんてできない。危機感が足りなさすぎる。3月までに300万円、入れられなかったら会社、たたんだほうがいい」

確かに私は楽天家だけど、じゃあ、私以外の誰かが売上げになるような動きをしていたのか？　といえば、誰もしてないじゃないか！　という思いもありました。すでに書いたように、会社登記をしたり、ホームページを作ったり、「顔を売る」活動に忙殺されていて、いわゆる不動産会社としての営業をまったくしていなかったのは事実です。

「わかったよ。300万円ね。やればいいんでしょ！」

ほとんど、売り言葉に買い言葉に近かったのですが、私はそう、たんかを切りました。

やるときは、やるぞ。見てろよ！　という気持ちでした。

このときは私もかなり興奮していたのでしょう。どんな話し合いをしたのか、今では記憶もあいまいなのです。でも、田原も私も、そして、もう一人の共同経営者候補も、ブチ切れて、かなり言い合いになったことは、よく覚えています。正月早々、おとそ気分などどこへやら、というムードでした。

結局、私は持ち前のド根性で、3月に400万円の売上げを確保することができました。そして、このときを境に会社の経営としても徐々に正常化していき、軌道に乗っていったのでした。

結果的には「あのとき、ブチ切れながらも、お互いに言いたいことを言ってよかったな」って思います。結局、共同経営者候補の人は、このことをきっかけに「私にはできそうもない」と参加を見送りました。それも、よかったと思うのです。無理や我慢を重ねてもらっても、きっと、彼女もよい仕事ができなかっただろうな、と思うから。

菓子折り持参の起業のごあいさつに本腰を入れ始めたのも、このお正月のブチ切れ事件以降でした。それまでも、あいさつ回りはしていたのですが、振り返ると本気で取り組んでいなかった。会社登記を自分たちでやって、会社をつくって、ホームページを立ち上げて……。そんなことをしていただけなのに、すっかり達成感に酔いしれていて、どこか浮き足立っていたのかもしれません。

あいさつ回りに本気で取り組み始めたとたん、少しずつ、不動産の仕事が舞い込むようになって、４００万円の売り上げにつながったのです。

自分の営業が本気かどうかは、相手にはちゃんと伝わる。

この、お正月のブチ切れバトルがあったからこそ、私はガールズ社長として成長できたのではないか、と思っています。

うっかりポイント

売り上げ目標は「数字」が大切

「仕事をした」とか「入金がある」という事実に甘んじてはいけません。大切なのは、その金額で経営を維持できるかどうかなのだ、ということを忘れないでください！

Part 3

25

「メンターを見つけなさい」の真の意味とは？

ビジネス書や自己啓発書を手にしたことのある人なら「メンターを見つけなさい」というようなアドバイスを目にしたことがあることでしょう。私も、元旦那さんの影響で、こういう本をよく読んできました。でも、「メンターを見つける」ことが大切なのはわかったけれど、では、いったい、メンターって何よ？　どうやって見つけるのさ？　と思っていたのです。

メンターとは、「助言者」「指導者」というような意味で使われている言葉です。日本語で言われれば、ああなるほどね、と、イメージも少し具体的になってきますが、とはいえ、どんな人が私のメンターになってくれるのさ？　と思ったりもしていました。

そんな私でしたが、今では、元旦那さんと田原が私のメンターなんだな、と思っています。元旦那さんとは夫婦としての縁はなかったけれど、理解者・友人としての相性は抜群です。田原と同じように元旦那さんのことも、家族以上に信頼している部分もあるし心から尊敬もできる。起業にあたってもいろいろと相談をしたし、今も、何かあると相談しています。

メンターも、共同経営者と同様に、血眼になって「探す」ものじゃないんだな、と思います。私のように意外と身近な人が、意外な形でメンターとなってくれるケースも多いのではないでしょうか。

「一人の考えは一人前以上にならない」

ということを、私は今、人生でもっとも実感している時期なのかもしれません。

メンターって、こうやって自然と「そうなんだな」って感じで見つかるものなのかも知れませんね。

でも、どんなにすばらしい人と巡り合っても、メンターになってもらえないこともあると思います。それはメンターに対して「正直でない」場合です。

格好つけて、見栄を張ってしまう。話していない「じつは……」という秘密がある。心の底から信頼できていない。

メンターに対して、そんなふうに思っている以上、有益な助言は得られないでしょう。都合のよいときだけ助言をもらって、どちらかというと「利用している」ように思われても仕方ありません。

「じつは……」という秘密があるのは、人間関係に影を落とします。相手は自分を信頼してくれなかったのだ、と思うからです。とくにメンターには助言を求めているわけですから、自分にとって都合のいい情報だけしか話さないで、的確な助言が得られるはずがありませんよね。失敗も、反省していることも、恥ずかしいことも、すべて洗いざらい話せる相手でなければ、メンターになってもらえない。そして、すべてを話すためには、自分自身が相手を信用できることが大切なのですね。

私はとても恵まれていると思います。たまたま、身近にいて、信頼できる人たちがメンターとして私を助け、支えてくれている。元旦那さんと田原の存在がなかったら、私はガールズ社長としてやってこれなかったでしょう。

独立・起業には、メンターの存在は絶対に必要だと思います。けれど、最終的に決めるのは「自分」。メンターの意見を取り入れ、自分で考え、そして結論を出すのは、社長が果たすべき重要な仕事だからです。

これって、恋愛にも言えることですよね。友達にアドバイスしてもらったり、愚痴を聞いてもらったり、いろいろ彼氏のことを話すけれど、最終的に大切なのは「自分の気持ち」。

お友達が「理想的な彼氏じゃないの」とほめてくれても、自分が「うーん……」と思っているようでは、おつき合いを続けるのは難しいですから。

ただ、ビジネスの場合は自分の好き嫌いだけでジャッジできないこともたくさんあります。気乗りしない仕事でも、「来月の売上げ、ちょっとピンチだな」というときには、引き受けなくてはならないときもある。会社って、たとえ自分が社長でも自分自身だけの問題じゃなくなってくることがたくさんあります。取引先、お客さん、従業員、共同経営者、いろいろな人に対する「責任」が生じることです。自分の判断が、多くの人たちに影響を与えるということを常に意識していなくてはなりません。客観的な視点をブレさせないためにも、メンターは大切な存在なのだな、と思うのです。

しっかりポイント

メンターとは心から信頼できる人のこと

メンターとは、時には耳の痛いこともズバッと言ってくれるもの。都合のよい助言だけを聞き、そうでないものは、耳を貸さないという姿勢ではメンターを得ることはできません。

Part 3

26

業界の「常識」と戦わない

不動産業界では、「騙すより、騙されるほうが悪い」というのが常識です。「そんなのあり？　騙すってそれじゃ、詐欺じゃないの？　犯罪じゃないの？」と思う方も多いことでしょう。そうです。時と場合によっては、詐欺罪になることもあります。ですが、それが、往々にしてこの業界での「常識」です。「そんなの犯罪じゃないですか！」と反論したり、「納得できません」と立ち向かったとしたら、「あなたは、この業界には向いていない」と言われて、おしまいです。私も、善いことだとは思っていません。でも、郷に入っては郷に従え、ということわざがあるように、それが不動産業界なのです。そこで、商売をしていこうと思うのならば、従わなくてはならない。

男性と比べると、女性のほうが正義感が強いのでしょうか。ルール違反、約束を守らなかった、聞いていた話と違う、というようなことに敏感なように思います。また、男性同士が「そこらへんはお互いさま、ということで」と、事を荒立てないように、なあなあで収めているようなときも、きちんとしなくては気がすまなかったりもする。

でも、何でもきちんとできなかったりするのも、ビジネスの世界にはよくあることです。とくに、不動産業界は「騙されたほうが悪い」という価値観でビジネスが動いているので、ぼけっとしていると痛い目に遭いかねません。

私もガールズですので、不動産業界に入ったばかりの頃は「騙されるより、騙すほうが悪いに決まってるじゃん」と思いました。その思いは今も変わらない。でも、平気で騙す人がいる以上、騙されないように身を守っていかなければなりません。それが、現実なのです。

「請求書を発行したからといって、安心してはいけません。入金されて初めて、業務完了」というのは、独立・起業をしている人ならば、誰もが「うんうん」とうなずく「常識」です。払う気があっても、相手先が倒産してしまうこともあるし、担当者が急病になったりして、振り込みをうっかり忘れられちゃうことだってある。

ビジネスの世界における常識。自分が身を置いている業界の常識。これらは、善いことも、悪いことも、すべて自分が起業するよりずっと昔から、社会に存在しています。不動産業界ならば「騙すより、騙されるほうが悪い」という常識ありきで、絶妙なバランスを保ちながら成り立ってきている。新参者がとやかく言ったり、戦ったりする余地などありません。抵抗するならば、「騙されないように自衛する」しか方法はないのです。

これはガールズにありがちなのだと思うのですが、「善い、悪い」の尺度が「自分の価値観」によって出来上がっている場合がじつに多いのです。自分の考えが、ビジネス社会を軸にした基準なのか、ともに働く他者と共有できているのか、いつも、立ち止まって考えていかないと、ビジネスの世界から弾き飛ばされてしまうかもしれません。

ビジネスの世界では「貸し借り」文化があります。

困っている人を助けることで、「貸し」ができる。その代わり、自分が困ったときに、相手が「借りを返そう」という気持ちになって返してくれる。相手に「貸しにしておくよ」とはっきり言う場合もあるけれど、言わない場合も多い。あいまいな感覚でおつき合いが成り立っていって、仕事として発展していくようなケースです。たとえば、よい取引先を紹介してもらったお礼に、手土産を持って「ありがとうございました」と言いに行ったとします。でも、このお礼だけで、紹介者にビジネスの「借り」を「返した」ことにはなりません。ただ、大人の礼儀として「お礼を申し上げた」だけにすぎない。「ちゃんと菓子折り持ってお礼に行ったからOKよね？」が通用するほど、ビジネス社会は甘くも、安くもないのです。これだと、二度目の紹介はないです。

ビジネス社会の「常識」でこの「借り」を返すには、「○○さんは、よい仕事を紹介してくれた」と、評判を広め、その人の会社にとってプラスとなるようにするとか、紹介された仕事を120％頑張り、「いい人を紹介してくれた。さすが、○○さんだ」というふうに紹介者の株を上げるとか、そういう形がふさわしいでしょう。紹介者の会社の売上げになるような話を持ち込むことができれば理想的ですが、それができないのであれば、相手のビジネスにプラスとなるように働きかけなければいけません。

ビジネス社会の「常識」とうまくつき合っていけると、ガールズ社長も「なかなか、やるじゃん」と思ってもらえるようになるものなのです。

ちゃっかりポイント

業界の「しきたり」はちゃっかり乗る

業界の常識や「しきたり」に対しては、自分基準の善しあしではなく、「そういうものなんだ」と受け止めたほうが、余計なエネルギーを使いません。むしろ、ちゃっかり「乗って」！

Part 4

会社を続ける秘訣

Part 4
27

「なんでもやります」は最初の3年まで

私たちは起業してから半年ほどの間は、会社経営によって生計を立てることはできませんでした。振り返ると、登記の達成感に酔いしれたりせずに、せっせと営業活動を開始していたらもっと早くに、会社から報酬を得ることができたのかも？　とも思いますが……。

今、こうして会社を続けていられるので、ま、いいか（笑）。

とはいえ、「3月までに300万円の入金がないとヤバい」と新年早々のミーティングで話し合ってからは、ド根性で営業活動を続けていました。

「なんでも、やります」

「小さなお仕事でもいいので、よろしくお願いいたします」

不動産会社で働いていた頃の知人や取引先など、あらゆる不動産業界のツテを頼って、お願いしまくりました。そうやって営業活動を続けていくうちに、「シェアハウスを始めたい」という物件のオーナーさんをご紹介いただいたりして、売り上げを立てられるようになってきました。

とにかく、がむしゃらに働いてきたな、と思います。寝ても覚めても、仕事のことばかり、というのは少々、大げさかもしれませんが……。休日なんてあってないようなものでしたし、レジャーや旅行とは縁のない生活を送っていました。

これは、私たちに限ったことではなく、どんな業種であっても独立・起業をするということは、軌道に乗るまでの間、プライベートの時間を犠牲にするのは避けては通れないことだと思うのです。

テレビや雑誌の中では美しい女社長が、そのエレガントでリッチなライフスタイルを取り上げられていたりします。ああいう姿を見てしまうと、女社長っていいなあとつい憧れてしまいますが、そのすてきなライフスタイルはメディア向けのものである可能性が極めて高いんじゃないかなと思います。

会社員と女社長の両方を経験してみて実感しているのが、プライベートライフを充実できるのは、断然、会社員という立場でした。ですから、うっかり女社長のすてきなライフスタイルに憧れちゃったりしないようにしましょうね。

とはいえ、月々にいくらの売り上げがあれば、経営が成り立つのかを考え、その数字を達成することを目標にして、がむしゃらに頑張っていれば、いつしか会社の経営は「軌道に乗る」瞬間がやってきます。このときに気をつけたいのが「もう大丈夫だろう」と慢心してしまうこと。「軌道に乗った」のはがむしゃらに頑張っているからであって、その頑張りなくては得られないものです。

けれど、人はそんなにがむしゃらモードを長く続けていくことはできません。

当然、自分も年齢を重ねるごとに体力が衰えてくるし、プライベートの時間を犠牲にしてばかりだと精神的にも疲れてきてしまいます。こんなんじゃ、何のために働いているんだか……と思うようにもなってくる。

そこで、「軌道に乗った」という手応えを得られたら、次のステップに移行していく必要があります。がむしゃらな部分を見直すのです。

「なんでも、やります」という意気込みであれば、それなりに仕事は来る。けれど、その「なんでも」の部分には、あまりやりたいとは思えない仕事も含まれています。そういう仕事を受けずに、今後、自分たちが本当に目指していきたい仕事を中心にしても、つまり、やりたくない仕事は断っても、経営を成り立たせていけるようにしなくてはなりません。

まず、「なんでも、やります」というスタンスで得た売り上げがどのくらいあるのかを見直しましょう。そして、本当にやっていきたい業務に絞り込んだときに、どのような売上げになっていくのかをシミュレーションします。本筋の仕事をどれだけ増やすことができれば、「なんでも」を引き受けずにすむのかを考えるのです。

そして、めどが立ってきたら、「脱・なんでも宣言」です！

起業してから軌道に乗るまでは「なんでも」が当たり前。仕事を選べるような立場ではない。けれど、軌道に乗ったら今度は「選んで生き残る道」を歩み始める時期なのですね。私たちの実感からは、それはだいたい、3年くらいが目安だと思います。

まずは、最初の3年を目標に、がむしゃらに頑張りましょうね！

ちゃっかりポイント

最初の３年は新参者への恩恵を拝受

起業したてのビギナー社長時代は、頑張っている姿を見た方々から、いろいろと手を差し伸べてもらえる時期です。最初の３年間は、差し伸べられた手を、ちゃっかり握って！

Part 4

28

自分たちの仕事の「価格表」を作る

では、どうすれば「脱・なんでも宣言」ができるのか、というと……。

自分たちの仕事の「価格表」を作ることから始めましょう。最初の3年は、それこそ、仕事があることが「ありがたい」ですし、自分たちの宣伝の時期でもあります。だから、東京ガールズ不動産の場合、「シェアハウスにしたいんだけど、プランを提案してほしい」と頼まれれば、せっせとプランを作成し、資料をそろえて持参していました。

けれど、「すごくいいプランなのだけど、今回はやっぱり見送ります」と言われてしまうことも少なくありませんでした。見送られてしまえば、そのプラン作成はまったくお金にならない仕事となっています。ひどいときは、「今回はすみません」とプランを提出しただけで終わったと思っていたら、私たちのプランを使って、別の会社がその仕事を請け負っていた、ということもありました。プランを盗られただけでなく、提案のために使った時間、そして、せこいようだけど交通費とかその他諸経費、すべて持ち出しですから赤字もいいところです。

経営が軌道に乗ってくると、こういうケースに対する忍耐力も限界になってきます。そこで、私たちは東京ガールズ不動産の「価格表」を作成し、プラン提案にも課金するようにしました。すると、不思議なことに、無料でプランを提案していた頃よりも仕事につながるようになってきたのです。値段をつけることで、提案そのものの価値を上げることができたのでしょう。簡単に手に入れたモノに対して、人は執着しないし、大切にもしないというういい例ですね！

このときに気をつけたいのは、自分たちの価格表よりも低い金額でのオファーはお断りする姿勢です。特別に引き受けてしまうと、そのウワサが広まったりして、「あそこは交渉すれば安くやってくれる」という評判が立ってしまいかねません。不動産業界もそうですが、どんな業界も思っている以上に狭いものです。人を1人、2人介せば、共通の知り合いにたどり着くようなことも珍しくない。つまりは、評判やウワサといったものも、あっという間に広まるということ。定価で私たちに発注してくれた人が、「交渉すれば安くなる」というウワサを聞いたら気分を害するでしょうし、「あそこは、相手を見て仕事をしている」などと思われてしまえば、二度目、三度目のお仕事をお願いしてくれることがないだけでなく、今度は「相手を見ている」というウワサが広まってしまいかねません。

誰に対しても、同じスタンスで接するという基本を守っていれば、このような事態を避けることができます。それに、私たちが「適正価格」だと思っているプライスを値切ってくるような取引先はビジネスの相手としては「よい」とは言えません。こちらは、価格の分の仕事をきっちりする。それこそ、「いい仕事」を提供するために、その価格を提示しているのですから。

とはいえ、「お得意様」へのスペシャル感を演出しなくてはいけないこともありますから、価格を変えずに、何かサービスできることで付加価値をつけるとよいでしょう。急ぎで仕上げるとか、こちらから足を運んでプレゼンするとか、先方の都合に合わせた時間に対応するとか、何でもよいのです。

「融通をきかせてくれる」

「無理をきいてくれる」

というような、プライスレスな部分で勝負できれば、価格の交渉に応じなくても、価値を感じてもらえるようになります。納期をきっちり守り、仕事をきっちりこなしていけば、信頼感にもつながります。

このサイクルで仕事がうまく回るようになってくる頃には、「なんでも、やります」と言っていた頃に引き受けていたような仕事をしなくても、会社の経営を維持できるようになってくるもの。会社としても、ようやく「一人前」に成長できた、と胸を張って言えるようになります。

会社を設立することは誰にでもできます。

でも、経営を軌道に乗せることができるのは、100社あったら2~3社。

会社設立登記のときに公証人の方に教えていただいた言葉が胸に染みます。

しっかりポイント

自分を「安売り」しない

「格安で受ければ仕事が来るのではないか」と思ってしまいがちですが、案外、そうじゃない。人は価値のあるものにしか、お金を払いません。その価値を決めるのは自分自身。

Part 4

29

メディア露出は絶好のチャンス!

ちょうどシェアハウスが注目され始めていた時期だったこともあって、東京ガールズ不動産は、何度かテレビや雑誌で取り上げていただきました。メディアでの露出を経験して初めてその「効果」を実感しましたので、メディア露出のチャンスをうまく活用していくための心構えを書きたいと思います。

まず、テレビや雑誌で放映・掲載してもらうという方法には、こちらからは一切、お金を払うことなく「取材」という形で行う場合と、こちらから広告枠としてお金を払って掲載していただく方法があります。後者の場合、「タイアップ」と呼ばれる方法で、一見して広告とはわからない作りをしていることもあります。

起業したての会社に潤沢な広告費はありませんので、「取材」という形で掲載してもらえる方法が望ましい。では、どうしたら取材してもらえるか? というと、やはり「ほかの人とはちょっと違う」カラーを演出していくことだと思います。

東京ガールズ不動産の場合は、扱うシェアハウスの物件を「東京コマドリ」とブランディングして独自性を出しています。物件はいずれにしてもリフォームが必要ですから、徹底的にガールズ色を出し、女性たちが、

「こんなところに住んでみたい！」

と思うような物件をつくるようにしてきました。すると、女性経営者が、女性のためにつくるシェアハウス、という切り口で興味を持ってもらえるようになってきたのです。

テレビ出演は認知度が広まるきっかけになりました。実際、番組をご覧になった方から「シェアハウスにしたい」というお問い合わせをいただいたり、出演がほかの取材へのきっかけとなったこともありました。

また、雑誌『ＡＥＲＡ』や『日本経済新聞』に取り上げられたときの反響は、オーナーさんから「御社でのシェアハウスを検討したい」というものが中心だったのに対し、女性誌の場合はオーナーさんからお問い合わせはありませんでした。反面、女性誌掲載の後では、ホームページのアクセス数が伸び、「借りたい」「住んでみたい」という方の興味を引くことがよくわかりました。メディアによる効果の違いがわかると、それらメディアへの露出のチャンスを、どのように経営に活かしていけばよいか、を戦略的に考えられるよう

になってきたのです。

テレビや雑誌に出る、となると、

「何を着たらいいの？　美容院にも行かなくちゃ！」

と浮足立ってしまいますが、着るものや美容院費用も押さえつつ、「掲載や出演をどのように活用していくか」を考えることも、ガールズ社長にとって大切な仕事です。

私たちの場合、物件を内見にこられる方へのPRにもなりますので、オフィスには掲載誌のファイルを置き、手にとってもらえるようにしています。やはり、「メディアで紹介されたことがある」ということは安心感や信頼感にもつながりますので、最大限に活用していきたいものですよね。

もちろん、女子の最大の関心事、「何を着よう」「美容院行かなくちゃ」も重要です。会社のイメージと社長の姿にギャップがありすぎてもいけませんし、「仕事一筋、女、捨てちゃってます」というのでもダメです。会社のイメージにマッチした雰囲気を保ちつつ、オシャレ心も忘れない、そんな、演出を大切にしましょうね。

テレビや雑誌に出るときに気をつけたいのが、洋服の「色」です。

普段はダークカラーの服を着ていても、さほど気になりませんが、テレビや写真の写りがよいかというと、そうではないのです。テレビや雑誌に出ている女性たちが明るい色を着ていることが多いのは、「キレイに見える」から。何を着たらいいのか、わからなかったら、取材を受ける前に、「服装はどういう雰囲気がよいですか？　色など気をつけたらいいことはありますか？」と聞いておきましょうね。

美容院に行くときにも「今度、雑誌の取材があるんです！」と言えば、美容師さんもそのことを意識して腕をふるってくれるもの。よりよく見えるようなカラーやスタイルを提案してもらいましょう。

ガールズ社長にとって、メディア露出は宣伝のチャンスです！

ちゃっかり、活用していきましょうね！

ちゃっかりポイント

メディア露出は宣伝のチャンス！

無料で広く宣伝できるのが取材という形でのメディア露出。「過去に掲載された」という実績はプラスに利用できます。サービス精神を発揮して、より多くの取材をゲットして！

Part 4
30

人づきあいには「旬」と「蜜月」があるのです

会社が軌道に乗ってくると、それなりにいろいろな人間関係が構築されてきます。お得意先もできてくるし、よく仕事をする相手も決まってくる。私たちの場合は、オーナーさんを紹介してくれる方や、リフォーム会社さんとのおつき合いもあったりします。こうしたよいご縁をたくさんいただけたから、今があると思っています。

その一方で、仕事の上での人とのおつき合いには、「旬」と「蜜月」があると思っています。

まずは、相手の「旬」です。カツオに「いちばんおいしい時期」があるように、人にも「ノリにノッているおいしい時期」というのがある。そして、旬が終わったカツオが食卓から姿を消し、また、来年の旬を待つのと同じように、人の旬にも波があるものです。この「旬」を見極める力も、会社経営には欠かせません。カツオならば、翌年にまた旬がやってきますけれど、ビジネスの世界では、そのまま業界から姿を消してしまう、というシビアな一面もあります。もしかしたら、その人はとうに「旬」を過ぎて来年はもうどうなるかわからない、という場合も少なくありません。加えて、その人のコンディションにも波があるものです。ですから、「この人は旬なんだな」という見極めが大切なのです。

また、ビジネスのおつき合いといっても、根本は「人と人とのつき合い」です。当然、「蜜月」がある。つき合い始めたばかりのカップルがラブラブなのは当たり前ですが、交際が長くなってくると次第にマンネリし始めて、喧嘩もするようになってくる。ビジネスの場合はよほどのことがない限り喧嘩はしませんけれど、マンネリはします。このマンネリ期間に、お互いに「打開策」を見いだせなければ、関係が悪化していくのも恋愛と同じようなものなのです。

けれど、ビジネスの場合は、相手の「旬」や「蜜月」が永遠に続くものだと錯覚してしまいがち。「旬」の人からいくつものお仕事をいただいている最中には、「この人と一緒に組んでいれば、一生安泰♥」などと錯覚してしまい、ほかの取引先の開拓をせずにいたら、ある日突然……なんてことも珍しくないのです。「蜜月」も然りです。ラブラブぶりにあぐらをかいて、甘えが生じてしまったら、相手の心がすっと冷えていくなんてこともあり得る。「親しき仲にも礼儀あり」をモットーに、ビジネスのおつき合いにも「旬」と「蜜月」

があることを心にとどめておきたいものです。

また、「旬」「蜜月」以前に、判断に悩む人間関係も存在します。

それは、「もしかしたら、今後、仕事につながるかもしれない」という関係です。今は具体的に何かあるわけではない。でも、もしかしたら？　と期待してしまうような間柄です。

けれど、私は断言します。「いつか、オシゴトになるかもしれない」というときの「いつか」は永遠にやってきません！　つまりは「いつか」と思って、投資した時間、お金は、絶対に返ってきません。なので、仕事を期待させる思わせぶりな誘いには、「具体的なお話があったときに、お声を掛けてくださいね」と上手にかわしましょう。

「いつか」を期待してしまうと、そのうち「あてにしてしまう」ようになってきます。

もしかしたら、あの件が仕事になれば……というような期待感を経営に持ちこんでしまうのは、とても危険です。

会社経営でいちばんいい状態は「旬な相手と蜜月を過ごす」ことです。けれども、それは未来永劫、続くものではありません。つまり、常に新たな「旬の相手」と巡り合い、「蜜月」を過ごす、このサイクルをつくることができれば、会社経営は安定してくるのです！

一つの取引先からもたらされる売上げで会社経営を成り立たせてしまうような状態も危険信号です。もし、その取引先に切られたら？　取引先が倒産したら？　自分の会社が受けるダメージは計り知れません。

リスクを分散する意味でも、あえて本命を絞り込まない。恋愛だったら、二股、三股騒動になりかねませんが、会社経営の場合はそれが賢い選択なのだ、と覚えておいてくださいね。

ちゃっかりポイント

ビジネス上のおつき合いはシビアにドライに

ずっと「旬」の人もいなければ、ずっと「蜜月」でいられる相手もいません。「お世話になった」という思いから、つい情に流されがちな人は、意識的にシビアにドライに！

Part 4

31

ビジネスでの人づきあいは「マイルール」を持とう

仕事は人と人とのつながりで成り立っているものだと思います。

ですから、仕事上ではあっても、人とのコミュニケーションが発生します。

打ち合わせがてら「ランチをしましょうか」ということになったり、仕事が終わってから「一杯、いきますか」ということになったり。そうこうしているうちに、コミュニケーションが円滑にいくようになる場合もたくさんありますが、その一方で人間関係の境界線があいまいになってしまうケースも少なくありません。

そして、お友達なのか仕事仲間なのかがあいまいになってくると、トラブルが起きやすくなるものです。

私は、そういうあいまいな人間関係をうまくこなしていける力量に欠けているな、という自覚があるので、マイルールをつくって、それを徹底させています。もし、ご自身が「私もコミュニケーションに自信がないわ」というタイプでしたら、ぜひ、参考にしてみてくださいね。

そのルールとは……。

1．見返りを期待しない

2．過剰なつき合いはしない

3．誤解を避けるために境界線は大げさに引く

1の「見返りを期待しない」は、例えば、何かちょっとした頼まれごとをしたとしても、「あのときのお返しに、あの人にコレをしてもらえるはず」というような考え方をしない、ということ。そうすることで、「あのとき、あんなに親切にしてあげたのに？」と失望したり、モンモンとする必要もなくなるので、自分の気持ちがラクに割り切れるようになります。

2の「過剰なつき合いはしない」は、例えば、「打ち上げの飲み会は、一次会まで」というルールです。「楽しいから」と二次会、三次会まで流れたりしない。絶対に一次会で帰ると決めたら、それを実行します。

3の「誤解を避けるために境界線は大げさに引く」は、「あなたとのおつき合いはビジネスですから」というムードを、少々、オーバーに醸すということです。「大げさにする

ほうが、かえって失礼では？」と思われる方もいらっしゃるでしょうが、境界線があいまいになりやすいタイプの人は、一般的な線の引き方では「照れちゃって」とか「シャイなんだから」という自分に都合のよい解釈をする傾向があります。なので、少しくらいオーバーでも失礼にならないので大丈夫ですよ。

こういうマイルールを作るときには、自分のこれまでのビジネス上のおつき合いで、ストレスに感じたこと、嫌だなと思ったことはどんなことだったか？　を思い出してリストアップしてみてください。そうすることで、どんなルールを作ったらよいのかが見えてきます。

たとえば、ある自営業の方は、取引先の担当者から相談をされる内容が、最初は一緒に手掛けている案件の相談だったのが、仕事の人間関係の相談になり、最終的には超プライベートの恋愛などの私生活の相談までされるようになっていく、という自分の「傾向」に気づいた、と言っていました。

「なんで、私がそんな相談をされなくちゃいけないのさ」

と思い始めたら、仕事を一緒にするのも嫌になってきて、結局は取引そのものがなくなってしまうので、

「それでは、どれだけ新規営業をかけても足りない」と気づき、必要以上に相談に乗ったり、親身なアドバイスをしたりしないように心掛けるようになったのだそうです。

人とのつき合い方は人それぞれです。それゆえに、ルールもいろいろなパターンがあることでしょう。自分がいちばん快適で、かつ合理的な「マイルール」を作ってから、ストレスもなく仕事も円滑にいくようになりましたので、おススメです。

ちゃっかりポイント

人づきあいも、ちゃっかりが肝心

礼儀や常識そして人情を考えてしまうと、人と人とのおつき合いの仕方に疲れてしまいます。自分のスタイルを確立して、ブレずに徹底させたほうが断然ラクなものです。

Part 4

32

何よりも「法律」を学んでおこう

メディアからの取材のときには、必ずといっていいほどに「インテリアのお勉強もされたんですか?」という質問を受けます。私たちが手掛けているシェアハウスのインテリアへの称賛のお言葉だとうれしく受け止めていますが、じつは、インテリアに関しては何も勉強していないのです。

専門的なことはリフォームの会社にお任せしていますし、居住者のパブリックスペースに置くアイテムなどは田原と一緒に選んでいます。「自分が住んだったら、こういうふうにしたいよね」という感覚だけでつくり上げているのです。

私自身のガールズ社長としての経験からですが、勉強するべきことはむしろ、「法律」だと痛感しています。不動産という業種だからということもあるのでしょうが、どんな業種でも会社経営には法律がつきものです。

契約書を読んで理解する能力も必要ですし、トラブルを避けるためにはどうしたらいいのか？　など、押さえておきたい法律はたくさんあります。もちろん、法律には弁護士や司法書士などの専門家が存在します。

とはいえ、こういう専門家に「ちょっとしたこと」を聞くのは現実的ではありませんし、社長自身が法律的な知識をベースに持っていることで会社経営の今後の展望を戦略的に見据えることができるようになってくる。

「社長になるために、法学部に進学しなさい」というのではありません。わかりやすく書かれたビジネス書がたくさん出ていますから、その中から「会社経営に必要な法律」というような本を選んで、必携書にすればＯＫ。

法律は改正改定されて細かな部分が変わることがありますので、新しい版が出たら買い替えましょうね。メールは証拠になるとか、口約であっても、それは立派な契約であるとか、細かいけれど、社長が知っておくべき法律がたくさんあっていろいろとタメになりますよ。

法律を学ぶのは自分が騙されたり、損をしたりしないように、という自衛目的でもありますが、反対にうっかり自分が法律に反してしまう可能性も無きにしもあらず、です。個人としてならいざ知らず、社長自らが「うっかり」では済まされません。メールが証拠になることを頭に入れておけば、「証拠能力のあるものなのだ」という意識でメールを書きますし、あいまいな表現や誤解されるような書き方をしないように気をつけることができます。トラブルになりそうな予感がしたときは、「証拠になるかも」という意識で、メールやその他の書類を保管しておき、備えることもできるようになります。先方に黙って音声を録音することは違法ではなく、しかも録音した音声は立派な証拠になりますので、「怪しいな」と思う相手との重要な会話はこっそり録音しておくという手があるのも、知っておいて損はない情報です。

また、ガールズ社長になると、税務の知識も必要になってきますし、会計士さんや税理士さんとのおつき合いも出てきます。こうした方々と話しているときにも、法律はからんでくる。

「この人、こんなことも知らないで社長をやっているのか」

と思われてもいけませんので、「社長としてのたしなみ」程度には法の知識を持っておかなくてはならないのです。

幸い、私は不動産会社勤務の時代にちゃっかり宅建の資格を取らせてもらったので、その経験によっていろいろな法律を知り、学ぶことができました。それが今、とても役立っています。

また、気軽に法律的なアドバイスを受けられる専門家の友人、知人を持っているとさらに安心。そのあたりは、ちゃっかりと合コンなどでゲットしておきましょうね。とはいえ具体的な業務をお願いするときは、ちゃっかりは通用しません。友人、知人であっても、彼らは専門家でもあるのです。

人間関係をこじらせないためにも、公私の区別はちゃんとつけて、きちんと正規の料金をお支払いしましょうね。

ちゃっかりポイント

法律を知れば知るほど「ちゃっかり」できる

勉強しておいて得はあるけれど損はなし、それが法律。ちゃっかり生きていくためにも、法律の専門家の知人をつくり、時間と心に余裕のあるときから、コツコツ勉強を。

Part 4

33

会合、パーティーは「業界相関図」をチェックするチャンス

独立・起業をすると人間関係が広がり、さまざまな会合やパーティに声を掛けていただくことが増えてきます。また、業界主催の会合などもあり、すべてに出席しているとそれだけで、スケジュールがいっぱいになってしまうものです。

会社が軌道に乗ってきたら、本業も忙しくなってくるので、そうそうスケジュールを空けることもできない。私の場合、もともと会合やパーティが苦手、ということもあってついつい、見送りがちになってしまうのですが……。

ガールズ社長になったら、多忙であっても、あまり得意でなくても、こうした集まりに時々、顔を出すことが大切だと思っています。

なぜなら、「業界相関図」を更新するチャンスだからです！

ビジネス社会は、めまぐるしく様変わりしていきます。例えば、インターネット業界でいうならば、数年前まではなかった新しい技術やＳＮＳが登場しています。こうした大き

な変化がどこかで起これば、少なからず自分の業界にも影響してくるもの。そして、その影響によって自分のいる業界にも変化が起きるものなのです。

あるマスコミ関係の人が言っていたのですが、2000年代初頭のITバブルの頃には、「デザイン会社をやっています！」「システム、つくっています！」という経営者の方がマスコミ業界の交流会にたくさんいたそうです。でも、ITバブルが崩壊したとたん、そうした会社を経営している人は激減しているのだそうです。

不動産業界でも、地価や金利の変動により、さまざまな浮き沈みがあります。その時々によって、「イケてる会社」と「苦戦している会社」があるのは明白な事実です。そういう状況を定期的にチェックしておかなければ、浦島太郎状態になって、古い常識、古い価値観のままビジネスを続けてしまいます。時代の流れに乗ることもビジネスには不可欠ですから、定期的に情報の上書きが必要なのですね。

会合やパーティーに出ると、いろいろな人と名刺交換をして、いろいろなお話をして、と、それはそれは気を遣いますし、後でお礼メールやお礼状を出したりと、ただでさえ忙しい毎日にやらなくてはいけないことが増えます。つい、おっくうになってしまうのですが、そこは、ちょっと頑張りどころでもあるのです。「ちゃっかり情報収集しちゃおう」と気持ちを切り替えて、出かけましょう。

もちろん、出席することで新たに知り合った人とビジネスに発展する可能性もあるわけですから、「いつでも営業トークができるように」という心づもりも大切です。

とはいえ見るからに「宣伝する気、満々です」という前のめりな姿勢もいかがなものかと思います。何も会話をしていないうちから、自社のパンフレットを出してくるような人もいるのですが、もらった人は内心、困惑するものです。「パーティバッグしか持ってないのに、A4サイズのパンフをもらっても困りますわ」という女性も少なくない。そういう気遣いができずに、A4パンフを配ってしまったら、好印象を与えることはできないので、社長としてのコスト意識で考えたら、好感度は下げちゃうし、まったくの配り損だなと思うのです。

また、ちょっと会費が高い会合だったりすると、「元を取らなくちゃ」とばかりに飲食に励む人も見受けるのですが、これも、いかがなものかと思います。「お食事会」という名目で、食事を楽しむことが前提の集まりならば別ですが、そうでないのならば、あらかじめ何か軽く食べておきましょうね。

あくまでも、目的は業界相関図の更新です。

きちんとパーティートークをして、頭の中の相関図をアップデートするのが目的です。

パーティーで得た情報を、ちゃっかり、自分の会社の今後を考える材料にすれば、十分に高い会費の元は取れると思います。

ちゃっかりポイント

ビジネスの集まりは情報の宝庫

会合やパーティーは、エライ社長さんと知り合える可能性があるだけでなく、さまざまな情報が凝縮している場でもあります。何気ない会話から必要な情報を得られる場合もあり。

Part 4
34
借金できることを「誇り」に思おう

さて、会社が軌道に乗ってくると銀行から「融資を受けませんか？」というお話が舞い込むようになってきます。

起業したての頃、苦労していた時は相手にしてもらえず、少しこちらの状況が良くなってくると融資を「させてくれ」と言われるのは、まさに、晴れの日に傘を貸してくれようとする人、ですが……。その是非は別として、ここでは「借金」についての考え方を書きますね。

私自身は、「借金することを恐れない」というスタンスでいます。

この考え方には、私の祖母の存在が影響していると思います。

祖母は、じつに破天荒な女性でした。もともと祖母が商売を始めるきっかけになったのは、祖母の舅、私の曽祖父にあたる人の事業の失敗による借金だったようです。

祖母の夫、つまり私の祖父は病弱だったこともあり、祖母が舅のつくった借金を清算すべく奔走したのです。田畑を売って借金を返し、その後の生活を立て直すために祖母は不動産事業を始めたようです。

私が子どものころは、バブル景気でしたので祖母は相当に手広く、大きなお金を動かしてビジネスをしていたようです。子どもだった私は、祖母の商談によくついていっていました。

お茶を飲んで話をする。子どもだった私はそれが商談だとはわからなかったので、「おばあちゃまの仕事はお茶を飲んでおしゃべりをすることなんだ」と思っていたりもしたのですが、この経験があったことで「商売というもの」を肌で覚えることができたのかもしれません。

もちろん、バブルが崩壊した後には、祖母の会社も苦境に立たされました。

私は群馬県の出身なのですが、東京から始まったバブル崩壊の余波が群馬に届いたのは、東京から1年ほど遅れてのことでした。大きな借金を祖母がどうやって返したのかはわかりませんが、一度も、借金のことを不安がったり、苦しんだりもしていませんでした。

祖母の影響を受け、私も「借金することを恐れる必要はないんだ。大丈夫なんだ」と思えるようになったのでしょう。私が20代前半でマンションを購入できたのも、「ローンを組むことなんて、怖くない」と思ったから。数千万円の借金、と考えると莫大ですが、もっと大きなお金を借りて、返していた祖母を見ていたので「なんとかなるだろう」と思ったのです。

返してもらえる、と思うから銀行も貸してくれるのです。銀行が貸してくれると言っている以上、自分でわざわざ「返せなかったら」と思う必要はないのです。貸してくれる、というのならば、借りちゃえばいいのです。

実際、会社を経営していると税金対策上、「借金があったほうがいい」場合も出てきます。借り入れがあることが「銀行が貸してくれる会社」というお墨付きになり、会社の信用につながる場合もあります。

とはいえ、必要もないのに借りることはありません。

営業車を買い替えるとか、パソコンを一気にまとめて買い替えるとか、事業を拡大するとか、オフィスを拡張するとか、そういうときに借りればいいのです。

無借金経営、と聞くと、とても優良な会社のようなイメージがあります。

けれど、それは「銀行に貸してもらえないのかもしれない」という意味でもあります。

会社を経営していれば入金までの間のつなぎ融資が必要になることがあるかもしれません

し、支払先の事情がこちらの経営に影響する可能性もあります。そんなときに、貸してくれる銀行がある、というのは心強くもあります。

ですから、もしも、晴れの日に傘をどうぞ、と言われたら……。

「けっこうです！　晴れていますから」と門前払いせずに、融資についての話を聞いておきましょう。自分の会社がいくらぐらい借りられるのかを知っておくだけでも、会社経営の戦略に役立てることができます。

実際のお天気も、会社経営も、さっきまでお天気でも、急に雲行きが怪しくなることがありますからね！

ちゃっかりポイント

貸してくれるなら、借りればいい

金融機関がお金を貸してくれるのは、「返してもらえると確信できるから」。相手もビジネスですから、友人同士のお金の貸し借りとはわけがちがう！貸してくれるなら借りる。

Part 4
35

「25年続けようね」と約束をしよう

私と田原は、起業したときに「25年会社を続けよう」という約束をしました。

「25年、続けることができれば、いっちょ前じゃない？」

というような軽いノリでしたが。会社を設立するのは、誰もができること。むしろ、大変なのは継続することなのだ、という現実は会社の年数がそのまま信用につながる、ということでもあります。

一方で、比較的、短期間で業務を拡大して手広く事業を展開していく社長さんたちもいます。業種や業態によっては、そういう手法がベストな場合もあると思います。実店舗で物販をしているような場合はとくにそうでしょう。

東京ガールズ不動産も、会社の規模を大きくしていくやり方が可能な業種・業態だと思います。けれど、私も田原も、会社を大きくすることよりも、

「私たちの身の丈の仕事をして、報酬を得て、ちょっとだけ贅沢《ぜいたく》ができるような暮らし

ができればいい」

という考えでやってきました。あくまでも、私たちの手の届く範囲で、責任が取れる範囲で仕事をしていく。この考え方だと、事業は拡大しないし、経営者自らが現場仕事をするので仕事量も増えて大変なのですが、すべてに気配り目配りして、ベストを尽くしていけるというメリットがある。私たちは後者のメリットを大切にしていきたい、と思っています。

それは、私たちが「大きくすることより、続けていくこと」に意味を感じているからで、必ずしも、最善のやり方だとは思っていません。ただ、これからの時代のガールズ社長にはこういう経営スタイルが時代にも、ガールズの特性にも合っているんじゃないかな、って思うのです。

女性の人生は、仕事、だけではありません。恋愛も結婚も、というのは、男性もそうですけど、結婚した後、妊娠・出産、子育てというイベントの主役は女性です。そうなると、働き方をライフステージによって変えていかなくてはならない。でも、周囲を見渡してみると、女性が子育てをしながら働き続けていく環境が整備されているとは言い難い。働き続けたかったけれど、子育てと仕事の両立が難しくて泣く泣く会社を辞めたという女性も少なくないですよね。

会社に産休や育児休暇の制度があっても、育児は育児休暇が終わった後も続きます。むしろ、休暇後のほうが大変よ、と先輩ママたちは言います。

でも、ガールズ社長になると、ライフステージの変化に対する選択肢も増やすことができるのです！

なんたって自分が社長なのですから、なんでもアリ。保育園が遠いのなら、会社を保育園の近くに移転させる、なんて荒技だって可能。ベビーシッターをしてくれるアルバイトさんを雇うこともできます。その人件費は、自分の報酬を減額してねん出すればいいのです。子どもが大きくなっていっても、会社と家と学校の距離が近ければ、何かあればすぐに飛んでいける。会社員として働くママたちの「困っていること」のほとんどを、自分の意思と決定権で変えることができるのです！

ガールズ社長、という働き方は女性の人生の選択肢を広げます。会社員はお給料の心配をせずにすむし、ボーナスももらえるし、休暇もばっちりあるし、とメリットもたくさんありますが、自分のライフステージの変化によって、そのメリットの魅力はどんどん薄れ、欲しいもの、必要なことが変わっていくのですよね。

私も田原も、これからどんな人生になっていくのか、わかりません。けれど、その時々の状況に応じてフレキシブルに対応していける自信はあります。自分たちで会社をつくり、その会社で収入を得て暮らす、ということは大変なことです。でも、その大変さに見合うだけのメリットがあるのです。

会社員を経験して、ガールズ社長になった私自身の経験からも、これからの日本の女性のちゃっかりできる働き方として、独立・起業することは社会の状況や現実に合ったスタイルだと思います。

しっかりポイント

身の丈に合った規模で経営する

社長といっても、いろいろなタイプがいます。理想や願望ではなく、自分のタイプにあった経営をすることが大切。「自分の身の丈」がどのくらいのものなのかをしっかり見極めて。

Part 4

36

年齢を重ねることのメリット

日本のガールズたちの20代後半から30代前半というのは、いろんな意味で大変なお年頃だと思います。仕事もそこそこのやりがいを実感してくるようになり、責任もそれなりに与えてもらえるようになってきた。一方で、恋愛も結婚も視野に入ってくると、恋活、婚活にいそしまなくてはならないし、結婚したらしたで、今度は妊活が待っている。妊娠したらしたで、仕事と子育てをどう両立させようかと悩まなくてはいけないし……。ほんと、ガールズって大変！

私の周囲にも、結婚したいけれど相手がいない、というアラサー女子がたくさんいます。その焦りのエネルギーは半端ない。私は20代前半で結婚し、20代後半で離婚。アラサーの時期は会社を設立して、軌道に乗せようと無我夢中でしたので、一般的な悩めるアラサー女子ではなかったのですが……。女の人生ってほんと、大変だなあと思います。

結婚への焦りの理由のひとつに、出産と自分の年齢に対する意識があると感じます。産むなら早いほうがいい、そういう思いが焦りにつながり、年齢を重ねることに恐れを抱き、空回りしてしまうのではないかと思うのです。

30代前半の頃、「子どもが欲しいかも？」という衝動に駆られたことがあったのですが、犬を飼ったらその気持ちがスッと消えてしまい、我ながらビックリしました。たぶん、生き物を育てたいという本能的な欲求に突き動かされて「子どもが欲しいかも？」と感じたのでしょうが、それは「ペット可」くらいの欲求だったのですね。

そんなこんなを経験しながら年齢を重ねてみて、つくづく思うのが「若いってツライな」ということです。

女は一歳でも若ければ若いほど、精神的にツライことも多い。

反対に、ひとつずつ、年齢を重ねていくと「ラク」になる部分がたくさんある。

アラフォーくらいの女性たちに、

「若いころに戻りたいと思う？」

と聞くと、全員が、

「ピチピチのお肌、艶々の黒髪には戻りたいけれど、それ以外はいいや」

とほほ笑むのです。なぜなら、

「若い時はぐるぐる、いろんなことに悩んじゃって苦しかったからなあ。それなりに楽しいこともたくさんあったけど、今のほうが、断然、ラクに生きられる」と言う。その気持ち、今は私もよくわかるのです。

ガールズ社長としても、やはり、年齢を重ねることのメリットを痛感しています。女性ってやはりビジネス社会では、30代前半くらいまでは「お嬢さん」扱いなんですよね。けれど、30代半ばころから、ようやく大人としてビジネスの世界で扱ってもらえるようになる。すると、「お嬢さん枠」ゆえに大変だったこと、できなかったことがあったんだ、と気づくようになるのです。

30代に入ったくらいまでは、「若く見える」ことでなめられたりもします。実年齢を言ったところで相手の反応も「ふーん」くらい。でも、30代半ばになると、「若く見える」ことすら、称賛の対象になるのです。そして、どういうわけか、「若く見える人＝イケてる人」という図式になって仕事の面でも信頼されたり、尊敬されたりするから不思議。どうしてこうなるのかが、よくわかりませんが、ちゃっかり利用しない手はありません！

「若く」見えつつも、実年齢は隠さずに堂々と発表。で、「意外と、いってるんですね」と言われつつ、びしっと仕事をする。そんな働き方はとてもラクちんなのですよ。

なので、年齢を重ねることを必要以上にネガティブに考えすぎないでくださいね。社会はもっとずっと優しいです。そして、外見面の問題についても、今は、いろいろとお手入れ、メンテナンスする方法がたくさんあります！

もちろん、経営者ということに限定すれば、年齢を重ねることは得することはあれど、損は一つもありません。

のびのびと、素敵に年齢を重ねていきましょうね。

ちゃっかりポイント

年齢を味方につける

実際にアラサーになってみると、若いころに想像していたよりも、男性も社会もアラサー女子に優しいもの！ちゃっかり大人女子を楽しみましょう！

Part 4

37

あなたは起業向き？　お勤め向き？

この見出しを読んで「今さらそんなことを聞く？」と思ったかもしれませんが……。

ここまで読んで、あなたはご自分が「起業に向いている」と感じましたか？

それとも「私には起業は難しそうだな」と思いましたか？

その感覚は、これからの人生を歩んでいくにあたって、とても大切なことです。ですから、よーく、ご自分と対話してみてくださいね。

私の場合、会社員を経験してから起業しましたが、会社員時代、とくに不満はなくサラリーウーマンをしていました。精密機器メーカー勤務の時代は自分に与えられた仕事が楽しくて、やりがいを感じて生き生きと働いていました。不動産会社に転職したときには、女性が生涯働ける仕事ということで、不動産業界に進み、ゆくゆくは独立しようかな、というヴィジョンはありましたが、それでも、別に会社員として働くことに支障はありませんでした。歩合制で報酬が決まる仕組みでしたから、営業成績トップを目指して頑張っていたくらいです。

会社員として、致命的に「不適合」ではなかった私ですが、ガールズ社長になった今、「また、会社員として勤めることができますか？」と問われたら答えはＮＯ。会社員のメリット、お給料の心配ご無用とか、ボーナスがあるとか、休暇も取れるし、福利厚生もあるし、病欠だってできるし、ということを考えても、「やっぱり会社員は無理だなあ」と思います。

独立・起業は、それだけ魅力的なものなのです。

人によって、何を魅力と感じるかは異なるでしょうが、自分の裁量で仕事を決め、自分の責任で成し遂げて、報酬を得ることは会社員にはない働き方です。そして、自由も多い。上司の顔色をうかがったり、社内で根回ししたりすることに時間を費やす必要もないので、常に業務に１００％集中できるのです。

もちろん、それは独立・起業をして、軌道に乗せることができて、その報酬で食べていけるようになれば、の話です。でも、それさえクリアできれば、独立・起業は会社員よりも魅力的な働き方だと私は実感しています。

とはいえ、それ以前に会社員のメリットのほうに魅力を感じる、という場合もあるでしょうし、「自分で営業して、お金の交渉をして、売上げの管理をするのは苦手だ」という人もいることでしょう。そういうことは一切、気にせず、自分の仕事をコツコツとやるほうが向いている人もいることと思います。ですから、独立や起業を考えているのならば、修業期間中の会社員時代に、じっくりと自分の向き不向きを考えてみてほしいのです。

勢いや憧れで独立・起業をするのは、とても危険です。ですが、独立や起業に憧れている人たちの中には、自分の適性をよくわからずにイメージだけが先行している場合も少なくありません。

起業したばかりの頃、とある集まりで、ものすごーく偉い社長さんから言われた言葉を今もよく思い出します。

「サラリーマンと事業をやる人には大きな違いがある。事業をやれる人はサラリーマンであってもバイトであっても、自分の給料の分をしっかり働こうとする。でも、事業に向いていない人は、給料を渡すとできるだけ、働かなくてすむようにしようとする。もしも、正社員を雇うならば、そのことをよく考えておいたほうがいいよ」

この言葉は、私に「人を雇うことの難しさ」を教えてくれました。そして、考えた結果、正社員は雇わずに、アルバイトという形で私と田原だけではまかないきれない仕事をお願いすることにしたのです。

私自身、振り返るとサラリーマン時代も、自分の給料の分は働こうというタイプでした。

「私もそういうタイプかも？」

と思われた方。独立・起業したら自分らしくイキイキと働けるはず！

ちゃっかりポイント

向き不向きは会社員時代に見極めよう

自分が独立・起業に向いているかどうかは会社員時代に見極めておくことが大切。独立してから「やっぱり違う！」となっても会社員に戻るのは大変ですよね。

Part 5

ガールズにとっての
仕事と恋愛、そして結婚

Part 5

38

仕事と結婚とはまったく別モノと考えよう

「結婚しても、続けられる仕事がしたい」

「子どもが生まれても働き続けたい」

「結婚や妊娠、出産で中断することなくずっとできる仕事がしたい」

お仕事熱心なガールズは、そんなふうに考えるものです。確かに、女性にとって結婚や妊娠、出産は仕事を続けられるかどうかを左右する出来事だと思います。でも、今、独身で恋愛や結婚に悩めるガールズたちの話を聞いていると、少し違和感を覚えるのです。どうも、「まだ見ぬ恋愛」「まだ見ぬ結婚」「まだ見ぬ子ども」を想定して、「仕事」や「人生」を考えているように感じるからです。

っていうか、今、彼氏募集中なんだから、どんな人と、いつ結婚するかだってわからないじゃない！　自分の人生があって、それに合う人と恋愛したり、結婚すればいいんじゃないですか？

そんな話を、フリーランスでお仕事をしている女性としていたところ、「在宅で働けて時間も自由になるなら、私もフリーで仕事をしてみたい、って主婦の友達に言われたことがあるんですよね。そんな動機で続けられるほど、フリーは甘くないよって言ったら、なんだか険悪なムードになっちゃって」

「私も、同じような理由で起業について相談されることもありますよ」

と、盛り上がったものでした。

会社員であっても、フリーランスであっても、会社経営者であっても、結婚後も働き続け育児と仕事を両立させている人はたくさんいます。そして、みんな「その仕事が好き」「その仕事を続けたい」から頑張っているし、頑張れているのだと思うのです。

つまり、自分が「これだっ」と打ち込める仕事をしている中で、恋愛して、結婚して妊娠して出産しているのですよね。「自分の軸」が最初にあって、その軸が枝分かれして結婚や妊娠や出産や子育てがあるイメージです。

婚活疲れしているアラサーの友人たちを見ていると、まず、自分の軸が定まらないといろんなことが決められないんじゃないかなと思うのです。

「私は、この仕事を続けていく」

という決心があるガールだからといって、モテないわけではありません。確かに、「オレは転勤が多い仕事だし、場合によっては海外赴任もあり得るから、専業主婦になってくれる女性とじゃないと結婚できない」

という男性側の事情もあることでしょう。お仕事を続けたいガールズたちが、そういうボーイズとはご縁がないのはいたしかたない。そもそも、ガールズが独立・起業しているというだけで、

「なんか、スゴイな。オレ、そういう人はちょっと無理かも」

と、腰が引けちゃうボーイズだって少なくありません。そんな腰ぬけクンとは、たぶん、恋愛をしないだろうから最初から視野に入れませんよね？

まず、自分がどういうふうに生きたいか、なのだと思います。

そして、その自分と合う男性とおつき合いをすればいいのです！

世の中には、「独身だから仕事に熱中しているんだ」、「結婚できないから、仕事に打ち込むしかないんだ」というようなことを言う人、考えている人がいます。婚活疲れしてきちゃうと、こういう意見に影響されてきちゃったりするのですよね。

それで、つい、男性の人生に寄り添えるようなフレキシブルな女になりたい、と思って

しまう。でも、今の時代、男性側にしても、「彼女の人生をすべて引き受けます！」とは、なかなか言い切れないもの。むしろ、「自分の食いぶちくらいは自分で稼ぎますけど？」という女性のほうが、安心だし、魅力的だったりします。

もしも、独立や起業をすることを「縁遠くなる」と、親や親せきやその他の人たちに言われていたりするのなら、「そんな心配はご無用よ！」と、笑顔で言い切ってほしいなと思います。

ちゃっかりポイント

自分のライフプランに合った結婚を

好きな男性に対して、ガールズたちは自分の意見や希望を押し殺してしまいがち。だからこそ、自分のライフプランに合ったボーイズをゲットするのが得策なのです。

Part 5

39

恋人、夫をビジネスパートナーにしない理由

もしかしたら、今、この本を読んでくれている方の中には、恋人や夫と一緒にビジネスを始めよう、と考えている方がいらっしゃるかもしれません。これについては、悩ましいところではあると思います。世の中には、ビジネスも二人の生活も、非常にうまくいっているカップルもたくさんいますし、そういう人たちを見ていると、

「夫婦で同じ仕事をするって、いいな～」

と憧れてしまったりしますよね。

でも、私自身の起業の経験から言うと、男女関係にある相手と一緒に独立・起業をしないほうがいい、と考えています。それは、私自身が「一人の人にいろいろと求めてしまいがち」な性格だから。いろいろと分散しておかないと、相手が壊れてしまうので、恋人にも求めすぎないように気をつけています。

公私混同しないように、求めすぎないように、と分散することに成功したとしても、夫

婦であっても恋人であっても「仕事に対するスタンス」が一致するとは限らない、という、また別の問題が浮上してきます。

私はよく、元旦那さんに「仕事って、やりたくないこともやらないといけないときってあるよね」と言われます。そういう考え方もあると思う。でも、私は、「やりたくないことを、やらないで生きていけるなら、そっちのほうがいいんじゃないかなあ?」

と思うタイプ。もし、今もまだ夫婦でいて同じ仕事をしていたならば、この考え方が決定的な食い違いに発展していたことでしょう。私たちの場合は、離婚した後に、非常によい関係を築いています。それでも、これほどまでに根本的な考え方に違いがある。私は今、元旦那さんをメンターだと思っているし、心から信頼しているので、「そういう考え方もあるのだな」と勉強になる、と思えるけれど、ここに男女関係があったら、どれだけこじれることか!

また、男性よりも女性のほうが「優秀」だったために、夫婦関係も壊れてしまったカップルもいます。夫婦で同じ仕事を請け負った後に、同じクライアントが「奥さん」だけを指名。そのことがご主人に発覚してから、二人の関係もぎくしゃくしてしまったのだそう。

たとえば、旦那さんが老舗の跡取りで奥さんが女将さんになったとか、旦那さんのお父さんが創業した会社の跡を旦那さんが継いで、奥さんが事務をやるようになったとか、そういう場合なら夫婦で同じ仕事をしていくのも、うまくいくと思います。周囲の人たちも、跡取りである旦那さんを立てるという暗黙の了解を持っているので、そのルールありきで仕事が進めば大きくこじれることはない。でも、二人でゼロから始めたビジネスの場合は、基盤も何もないわけですから、ルールも二人で最初から作らなければなりません。男のメンツ、プライドに配慮しつつ、経営を軌道に乗せるというのはとっても難しいことです。

そして、女性側も男女関係にある相手と一緒に仕事をすることで、のびのびと自分を表現できなくなったり、「彼に失望されたくない」と頑張りすぎてしまったりと、そこに愛情があるからこそ、難しい状況に追い込まれがちになってしまうと思うのです。

一緒に仕事をしたために、「彼が私を女としてではなく、仕事のパートナーとしての価値しか見いだしていないと感じて傷ついた」という女性もいます。

奥さんと一緒に仕事をしているために、「24時間、いつも一緒で自由がなくて息苦しい」と言う男性もいます。

もしも、恋人や夫と一緒に独立・起業をしよう、と考えているのならば、うまくいっているケースだけでなく、それで、関係が壊れてしまったケースのことも知っておくと参考になると思います。

「自分たちはどうなっていくだろう？」

と、シミュレーションしながら、よ～く、考えてみてくださいね。

ちゃっかりポイント

恋人や夫とは別の仕事をすればリスク分散！

恋人や夫と一緒に事業を始めるよりも、別の収入源をそれぞれに持っていた方がgood！「いざとなったら彼がいるから、路頭に迷うことはない」と思えば安心できますよ。

Part 5

40

仕事仲間、同業者との恋愛はしない主義のススメ

仕事とプライベートは混同しない！　といっても、そこはガールズ。恋愛はしたいですよね。私自身は、けっこう肉食女子を自負しておりまして、仕事だけじゃなくて恋愛も楽しみたいと思っております。

そんな私ですが、マイルールは「仕事仲間や同業者とは恋愛しない」というもの。

プライベートと仕事はきっちりと分けたい、というのもありますが、仕事仲間や同業者は何かと利害関係が発生しがちです。仕事仲間の場合は、ラブラブなときはいいですが、そうでなくなったときに仕事に影響してくる可能性もあることを思うと、経営者として「いい選択」とは言えないと思うのです。

それに、私はわりと重めガールズなので、なにごとも「分散」しないと、相手にいろいろと求めすぎて、関係を壊してしまいかねませんからね。

同業者だったためにライバルになってしまったり、お互いの仕事に口出ししてしまった

りと、恋愛関係以外の対立の原因になり得る要素をはらんでいます。話題も仕事の話に終始してしまう可能性もある。デートのつもりが、ミーティング？　という状態にもなりかねません。

経営者やフリーランスの人たちに聞くと、やっぱり同業者との恋愛は厳しいよね、と口をそろえます。お互いの仕事の大変さも「わかってくれるはず」と思ってしまい、恋人としての基本的な気遣いがおろそかになったりしがちですし、わかりすぎるがゆえに気を回しすぎてしまうこともある。恋愛関係が破たんするきっかけが、「仕事」だというケースも少なくないのです。

そういう前例が多いにもかかわらず、仕事の場で知り合っておつき合いに発展するカップルが多いのも現実なのですけどね。

ですから、出会いを求めるときはビジネスとは関係のない場所で！　がいちばんいいと思っています。私自身、出会いが欲しいときは、もう、自分で合コンを主催。主催者自らが貪欲に出会いを求めていく姿勢でおります。

恋愛に悩める年下ガールズがそんな私の姿勢を見ると、

「新井さん、スゴイですね……」

とビックリされてしまうのですが……。むしろ、それくらいの勢いが必要だと思います。いまどきの男子からのアプローチを待っているだけでは、何も進展しません。堂々とアプローチしてくるのは、おじさまだけです。

恋愛はビジネスに似ている部分がたくさんあるなあ、と思います。

会社を設立したら「お仕事をください」と積極的に動かなければ、売上げを立てることはできません。会社を設立して、名刺を配って、ホームページを設立して「準備万端」と待っているだけでは仕事はゲットできません。恋愛も同じです。

モテ服を買って、モテ髪にしたからといって、自動的に彼氏ができるわけじゃない。

「彼氏募集中です」

とPRしなければ「髪型、かわいいね」で終わってしまいます。「いいな」と思う人がいたら連絡先を交換しなければ、次に進むことはできません。初対面のときに「次」につながる種まきをしておきたいのも、仕事と一緒なのです!

仕事も恋愛も「受け身」でいたらうまくいきません。

ガツガツしすぎてもいけないけれど、攻めるときは自分から攻めていかなければ、欲しいものは手に入らない。そして、欲しいものは、ただ「欲しい」と言っているだけでは、絶対に手に入らないんですよね。行動、あるのみ！
自分の生き方に自信を持っているガールズであること。それが、いい出会い、いい恋愛を引き寄せるコツだと思います。

ちゃっかりポイント

「欲しい」と思ったら絶対にゲット

「彼氏が欲しい」と思ったら絶対にゲットするという意気込みは、ガールズ社長には大切。「欲しい」と思ったら絶対に手に入れるをモットーに恋も仕事も楽しもう！

Part5

41

本当に「結婚したい」「子どもが欲しい」のかよく考えよう

婚活にちょっとお疲れ気味のアラサーのガールズたちの話を聞いていると、ふと、本当に結婚したい、と思っているのかなあと感じることがあります。

「そういう年齢だから」

「みんなも結婚しているから」

「そろそろ、結婚しておくべきだと思うから」

そんなふうに、自分の考えではなくて、世間とか周囲からの影響を受けて、

「婚活を真剣にしなくては！」

と考えているんじゃないか、というふうに見えるのです。

なんとなく将来が不安なとき、いろいろと精神的に疲れているときなどにも、「結婚したいな」という気持ちになることもあると思います。結婚すれば、この不安や精神的な苦痛から逃れられるんじゃないか、という気持ちになってしまうのですね。

でも、バツイチの立場から言いますと……。

結婚したから、といって人生が自動的に好転する、というものではありません。

彼氏がいないときって、彼氏が欲しいと思いますよね。でも、いざ、彼氏ができて恋愛してみたら恋愛中ならではの悩みが出てくる。

「彼がメールを返してくれない」

「彼が忙しくてなかなか会えない」

そんな悩みも、彼氏がいるからこそのもの。彼氏がいなければ、悩む必要のないことだったりする。

結婚にも同じことが言えるのです。結婚しているからこその、新しい悩みが出てくる。

結婚したからといって、まったく悩みのない毎日を送れるわけではないのです。

子どもにも、同じことが言えると思います。子どもがいるからこその幸せと同じ分、子どもがいるからこその大変さ、悩みが生まれるのではないでしょうか。

なんとなく現状を変えたい。それが、「結婚したい」「子供が欲しい」という気持ちにつながっているのならば、違う角度で「現状を変える」ことにチャレンジしてみるのをおススメします。結婚や子どもについて「どうしたいのか」は、それから考えてみたらいいのではないかなって思います。

たとえば、まずは「これまで、やったことのないことにチャレンジしてみる」とか。習い事を始めるのでもいいですし、それこそ、思い切って独立・起業しちゃうとか。一人暮らしを始めてみる、ペットを飼い始める、というのでもよいと思います。結婚や妊娠、出産はなにせ、「一人ではできないこと」なので、まずは、「一人でできること」で、自分の生活を変えてみるのです！

私自身、なんとなく「子どもが欲しいな」という気持ちが芽生えたことがありました。だから、というわけではないのですが、たまたますてきな出会いがあって、その時期に犬を飼うことになったのです。そして、ペットを飼うようになったら「子どもが欲しい」という気持ちがスッと薄れてビックリしました。私の「子どもが欲しい」という思いは、「自分以外の生き物を育てたい」という欲求だったのかも知れません。ワンコとの暮らしで満たされる程度の動機で、子供をつくっていたら、と思うと、ちょっと怖いですよね。

とはいえ、今、「私は生涯、子どもを持たない」という決意をしているわけでもありませんし、「もう、結婚はこりごり」とも思っていない。そういうタイミングがきたら、また、考えるんだろうな、って思っています。

「まずは、一人でできること」で自分の生活を変えてみると、余裕を持って「婚活」にも取り組めると思います。「結婚したいオーラ全開」のガールズって、合コンでもそれがバレバレで、男性陣がけっこう腰が引けちゃうんですよね……。なので、かえって、彼氏ができなくなってしまうという、負のスパイラルに陥りがちです。それでは、ますます、婚活疲れしてしまいますから、そうなる前に、自分でできることから始めてみてくださいね。

しっかりポイント

自分の人生を変えるのもガールズ流で

恋人ができても結婚しても、自分の人生を変えることはできません。幸せを手にしたいのならば、まずは自分が変わること。自分自身がいつもハッピーなのがいちばん！

おわりに

仕事にも恋愛にも、無数の選択肢がある

私自身の起業から今日までのことを振り返ってみて、つくづく実感しているのが「仕事にも恋愛にも、人生には無数の選択肢がある」ことです。短大を卒業して就職した当初は「結婚までの腰かけ」のつもりでいました。けれど、働き始めて仕事のおもしろさを知り、結婚しても仕事を続け、そして、離婚と退職。20歳のころに思い描いていた人生とは、20代後半の時点ですでにまったく違う状況になっていました。さまざまな経験をしながら、自分の気持ちも移り変わっていくこと。それと同時に「こういうふうに生きたい」というヴィジョンも変わっていくことを、自分の人生で思い知りました。

就職活動が行き詰まって自殺をしてしまう若い人がいる、というニュースに触れると、とてもやるせない気持ちになります。20代前半の頃に考えている自分の未来像など、あてにならないのに。それから先の人生でいろいろなことを経験することで、違った生き方をしたいと望むようになってくるのに、と思うからです。そして、その時々に出会った人との縁によって新たな展望が開けたり、発見があったり、学ぶことがあったりします。とき

に、その出会いによって恋をして、結婚をすることもあるでしょう。でも、あんなに好きだった恋人と別れてしまうこともある。好きだという思いを抱きつつも、「一緒にいられない」と別れを決めることだってある。失恋の痛みを抱えているときは「もう二度と、誰も好きになんかならない」と思っても、いつしかまた、別の誰かを好きになったりもする。人生って、ホントに、その瞬間には思いもよらなかった出来事が、未来の自分に起きるんですよね。

私にとって、起業もその「思いもよらなかった出来事」の一つです。

自分の中に、ガールズ社長になる可能性が秘められていたなんて、ずっとずっと知りませんでした。でも、今、「私らしいな」と実感できる毎日を過ごせるのは、自分が知らなかった選択肢を見つけることができて、それを選ぶことができたからなのだと思うのです！

無数の選択肢がある中で、選ぶ自由があることは、なんて恵まれているのだろう、と思います。

「就職活動がうまくいかない」

「彼氏がなかなかできない」

「結婚できない」

「仕事を失いそう」

そう考えてしまうと、ものすごく落ち込んじゃいます。どうして、私ばっかりこんな不幸な目に遭うんだろう？　って思います。幸せそうな誰かと自分を比べて、何が違うんだろう？　私のどこがいけないんだろう？　と悩んでしまいますよね。

でも、そういうときこそ、「脳内でポジティブに変換」しちゃいましょう！

超楽天家の私は、この脳内変換が大得意なんです。

何かがうまくいかない。そういう時期は、無限の選択肢の中から「私らしい」決断をする自由を与えられているタイミングなんだって、考えるのです。

就職先が決まらないということは……。自由に勤め先や働き方を選択する「自由」があるということ。

彼氏がいない時期は、つまり「フリー」。いつでも自由に彼氏をつくることができるわけです。ある日突然、素敵な人に出会ってもOK状態。

今、結婚していないのであれば、いつでも結婚できる状態にあるわけですし、何よりも人生そのものが自由ということ。

仕事を失いそう、というときは、もっと自分にふさわしい仕事を選ぶチャンス。

そんなふうに脳内ですべてポジティブに変換するのです。

すると、自分に無限の選択肢が用意されていることに気づく。どれを選んでもＯＫなわけです！

この本は、私がガールズ社長になるまでを振り返りながら、独立・起業という働き方のノウハウや考え方を伝えたい、という思いで書き始めました。でも、こうして振り返ってみると、独立・起業はガールズたちが持っている無数の選択肢の一つなんだな、と思います。

仕事という「軸」を持っていることで、選択肢はさらに無数に広がっていきます。

「私にはこの仕事しかできない」

「今の会社で働き続けるしかない」

そんなふうに、自分で自分を制限している限り、選択肢を見つけることはできません。

でも、会社って、誰でも設立することができるわけですから、誰にでも平等に与えられている選択肢の一つなんですよね。

「そうか。こういう選択肢もアリなんだ」

そんなふうに思ってみると、今、悩んでいる状況が、まったく違う角度から見られるようになってくると思います。

私と田原の会社は、私の行き当たりばったりで、超楽天家な性格ゆえに何度もピンチを迎えました。でも、おかげさまで、こうして会社を続けています。

人生にはこんな選択肢もあるんだな、と思っていただけたらうれしいです。

新井香奈

2012年の秋に

おわりに

仕事にも、恋愛にも無数の選択肢がある

新井香奈（あらい・かな）
ヴィーナスキャピタル株式会社代表取締役。1977年、群馬県生まれ。学習院女子短期大学国文学部卒業後、精密機器メーカーに入社。不動産会社への転職を経て、2007年、前職の同僚と不動産会社のヴィーナスキャピタル株式会社を起業。女子専門のシェアハウスを軸に、事業を展開中。著書は本書がはじめて。
HP：http://tkgf.jp/

Let's 起業！
ガールズ社長が教える、ちゃっかり、しっかり経営術

Nanaブックス
0119

2012年9月25日　　初版第1刷発行

著　者——新井香奈
発行者——林 利和
編集人——渡邊春雄
発行所——株式会社ナナ・コーポレート・コミュニケーション
〒160-0022
東京都新宿区新宿1-26-6　新宿加藤ビルディング5F
TEL　03-5312-7473
FAX　03-5312-7476
URL　http://www.nana-cc.com
Twitter　@NanaBooks
※Nanaブックスは（株）ナナ・コーポレート・コミュニケーションの出版ブランドです

印刷・製本——シナノ書籍印刷株式会社
用　紙——株式会社鵬紙業

ISBN 978-4-904899-32-8 C0034